Stori'r Rhyfel Byd Cyntaf

Un o danciau'r Cynghreiriaid yn symud yn araf bach drwy faes y gad yn Cambrai, Ffrainc, yn 1917.

Mae'r olygfa o'r llinell flaen, gan CRW
Nevinson yr arlunydd, yn dangos pethau
oedd yn gyffredin ar hyd Ffrynt y Gorllewin:
y weiren bigog oedd yn rhwystro'r milwyr
oedd yn ymosod, sieliau'n ffrwydro, a'r pabi
a fyddai'n dod yn symbol trist o'r Rhyfel.

Stori'r
Rhyfel
Byd Cyntaf

Paul Dowswell

Addasiad gan Elin Meek

Dylunio gan Tom Lalonde a Samantha Barrett

Darluniau gan Ian McNee

Golygu gan Jane Chisholm   Rheolwr dylunio: Stephen Moncrieff

Ymgynghorydd: Simon Robbins, Hanesydd, Imperial War Museums

Cynnwys

1917: Craciau a thrychinebau

1918: Cwymp

1919: Yr heddwch diffygiol

Milwr y Cynghreiriaid yn rhedeg
i gael cysgod yn ystod Brwydr
Passchendaele, 1917. Bob ochr iddo
mae gweddillion cerbydau roedd
ceffylau'n eu tynnu. Maen nhw wedi
cael eu taro gan sieliau.

Awyren ymladd Sopwith Camel wedi cael damwain rywle'r tu ôl i linellau'r Cynghreiriaid. Roedd lluoedd Prydain, Ffrainc ac UDA yn defnyddio'r awyren hon. Roedd hi'n effeithiol iawn ond yn anodd ei hedfan, yn enwedig wrth godi a glanio.

Y Rhyfel Mawr

Ym mis Awst 1914, dechreuodd rhyfel dros y byd a fyddai'n para pedair blynedd a chwarter. Daeth i ben ym mis Tachwedd 1918. Wrth iddo fynd yn ei flaen, roedd pobl yn sôn amdano fel 'y rhyfel i orffen pob rhyfel' neu 'Y Rhyfel Mawr'. Er bod y rhan fwyaf o'r brwydro wedi digwydd yn Ewrop, aeth y rhyfel i bob rhan o'r byd – o Dde'r Iwerydd yn y Gorllewin, i borthladdoedd China yn y Dwyrain.

Ymladdodd 65 miliwn o ddynion yn y Rhyfel, a bu farw 21 miliwn o bobl, gan gynnwys 13 miliwn o sifiliaid. Ar draws Ewrop, mae gan bron pob pentref a thref gofeb i'r rhai a fu farw. Mae cofebion tebyg i'w gweld yng Nghanada, Awstralia, Seland Newydd, India ac UDA.

Map o'r Rhyfel

Cafodd y Rhyfel Byd Cyntaf ei ymladd rhwng dau floc pŵer mawr.
Ar un ochr roedd 'y Cynghreiriaid': Prydain, Ffrainc a Rwsia,
wedyn daeth yr Eidal ac UDA atyn nhw. Ar yr ochr arall roedd
'Y Pwerau Canolog': Yr Almaen, Awstria-Hwngari, Bwlgaria a'r
Ymerodraeth Ottomanaidd. Digwyddodd y brwydro dros y byd
i gyd, ond roedd y brwydro mwyaf bob ochr i ffiniau'r Almaen, sef
Ffrynt y Dwyrain a Ffrynt y Gorllewin. Ond, wrth i'r frwydr ddod
i stop yno, symudodd y brwydro i'r Môr Canoldir, ac i
diriogaethau trefedigaethol yn y Dwyrain Canol, Affrica ac Asia.

Allwedd y map

- 🟢 Ardal o dan reolaeth y Cynghreiriaid
- 🔴 Ardal o dan reolaeth y Pwerau Canolog
- 🟡 Gwledydd niwtral
- ✴ Brwydrau allweddol

NORWY

SWEDEN

DENMARC

Môr y Gogledd

Y Môr Baltig

IWERDDON

PRYDAIN FAWR

Llundain •

3edd Ypres, 1917

Cambrai, 1917

Somme, 1916

YR ISELDIROEDD

GWLAD BELG

Mons, 1914

Berlin •

YR ALMAEN

RWSIA

LUXEMBOURG

Marne, 1914

Paris •

Verdun, 1916

Fienna •

Cefnfor Iwerydd

FFRAINC

AWSTRIA-HWNGARI

Y SWISTIR

YR EIDAL

BOSNIA

SBAEN

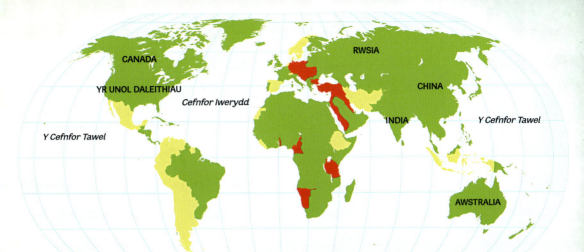

CANADA

YR UNOL DALEITHIAU

Cefnfor Iwerydd

RWSIA

CHINA

INDIA

Y Cefnfor Tawel

Y Cefnfor Tawel

AWSTRALIA

Moscow

Y Môr Baltig

RWSIA

Llynnoedd Maswria, 1914

Berlin

Tannenberg, 1914

YR ALMAEN

Galicia, 1915

Fienna

Cyrch Brusilov, 1916

Môr
Caspia

AWSTRIA-HWNGARI

BOSNIA

RWMANIA

Y Môr Du

YR EIDAL

Sarajevo

SERBIA

BWLGARIA

MONTENEGRO

Caer Gystennin

YMERODRAETH
OTOMANAIDD TWRCI

ALBANIA

Gallipoli, 1915

GROEG

Y Môr Canoldir

Marchfilwyr Ffrainc yn gwylio awyren ryfel yn mynd heibio. Yn ystod y blynyddoedd cyn y Rhyfel Byd Cyntaf, datblygodd technoleg yn fawr, yn enwedig arfau rhyfel a'u gallu i ladd. Ond dim ond yn araf y newidiodd tactegau ymladd traddodiadol. Oherwydd hyn, cafodd mwy o filwyr nag erioed eu lladd.

Cyn y Rhyfel

Roedd dechrau'r 20fed ganrif yn llawn gobaith a chyfoeth. Dyma pryd daeth llawer o bethau newydd a rhyfeddol fel ffatrïoedd mawr, llongau ager a threnau, a pheiriannau hedfan anhygoel. Ond, o dan yr wyneb, doedd pobl ddim yn fodlon: roedd undebau llafur yn streicio i gael gwell amodau gweithio ac roedd swffragetiaid yn mynnu cael hawl i bleidleisio. Hefyd, roedd terfysgwyr yn llofruddio a gwledydd yn cystadlu â'i gilydd. Ond rydyn ni'n gallu edrych yn ôl nawr a meddwl ei fod yn gyfnod da, o gofio'r 'Rhyfel Mawr' erchyll oedd i ddod.

IMPERIAL FEDERATION — MAP OF THE WORLD SHEWING THE EXTENT OF THE BRITISH EMPIRE IN 1886

Mae'r mannau pinc ar fap byd oes Victoria yn dangos maint yr ymerodraeth Brydeinig yn 1866.

Archbŵer yn tyfu

Yn ystod y degawdau ar ôl Rhyfel Cartref America (1861-65), daeth UDA yn fwy cyfoethog a phwerus. Newidiodd y wlad yn fawr ar ôl adeiladu rhwydwaith rheilffordd ac oherwydd mwy o gynhyrchu amaethyddol a diwydiannol.

Gwnaeth diwydianwyr fel John D. Rockefeller, Andrew Carnegie a J.P. Morgan ffortiwn enfawr, a heidiodd deg miliwn o fewnfudwyr, o Ewrop yn bennaf, i 'wlad y cyfle mawr'.

Byd oes Victoria

Ar ddechrau'r 20fed ganrif, Ewrop oedd canolfan ddiwylliannol ac economaidd y byd. Roedd wedi dod yn fwy cyfoethog yn ystod ail hanner y 19eg ganrif. Dyma'r cyfnod sy'n aml yn cael ei alw'n oes Victoria, ar ôl y Frenhines Victoria oedd yn teyrnasu ar y wlad fwyaf pwerus ar y pryd.

Diwydiant ac ymerodraeth

Roedd Ewrop yn gyfoethog oherwydd dau beth: diwydiant a'r trefedigaethau. Ewrop ddefnyddiodd bŵer stêm a masgynhyrchu nwyddau mewn ffatrïoedd am y tro cyntaf. Dilynodd UDA a Japan yn gyflym. Roedd tecstilau a nwyddau eraill Prydain yn cael eu gwerthu dros y byd i gyd. Daeth yr Almaen yn bwysig am allforio cemegau – lliwiau a moddion.

Adeiladu ymerodraethau

Yn y 19eg ganrif roedd gwledydd Ewrop ar frys i gipio tiroedd oedd heb eu trefedigaethu, yn enwedig yn Affrica ac Asia. Erbyn i'r Rhyfel Byd Cyntaf ddechrau yn 1914, dim ond dwy wlad annibynnol oedd ar ôl yn Affrica: Ethiopia a Liberia.

Yn y trefedigaethau newydd hyn roedd gweithwyr ffatri, defnyddiau crai i'w troi'n nwyddau, a marchnad ar gyfer cynnyrch ffatrïoedd 'y famwlad'.

Y cyfoeth hwn a fu'n gyfrifol am godi llawer o'r adeiladau crand rydyn ni'n dal i'w hedmygu ym mhrifddinasoedd Ewrop heddiw. Mae mawredd Pall Mall a South Kensington yn Llundain, Unter den Linden yn Berlin, Opera Paris, i gyd yn gynnyrch yr oes gyfoethog hon.

Roedd Unter den Linden (yn Gymraeg 'o dan y pisgwydd'), yng nghanol Berlin, yn dangos hyder a chyfoeth newydd yr Almaen. Cafodd y ffotograff hwn ei dynnu yn 1900.

Victoria: Nain Ewrop

Roedd llawer o deuluoedd brenhinol Ewrop yn perthyn yn agos. Roedd George V o Brydain, Kaiser Wilhelm II o'r Almaen, a'r Tsar Nicholas II o Rwsia yn gefnderwyr, gan mai'r Frenhines Victoria oedd mam-gu'r tri.

George V

Kaiser Wilhelm II

Tsar Nicholas II

Oherwydd eu bod yn perthyn yn agos, roedd llawer yn meddwl na fyddai rhyfel mawr yn digwydd yn Ewrop.

Dreadnoughts

Roedd dreadnoughts yn fwy, yn gynt ac yn fwy pwerus nag unrhyw long ryfel o'u blaenau, ac yn defnyddio technoleg newydd – tyrbinau ager, i yrru eu llafnau gwthio. Gallent deithio bron i 600 milltir (dros 900km) mewn diwrnod. Roedd ganddynt 10 dryll mawr, a phob un yn gallu tanio siel 390kg (850 pwys) dros 10km (6 milltir).

Erbyn 1914, roedd gan Brydain 30 dreadnought, ac roedd yr Almaenwyr wedi adeiladu 20. Roedd pethau'n poethi.

Ras arfau

Ar ddechrau'r 20fed ganrif, roedd gwledydd mwyaf pwerus Ewrop wedi'u rhannu'n ddau floc pŵer oedd yn cystadlu â'i gilydd. Er bod llawer o deuluoedd brenhinol yn perthyn yn agos, a bod masnach yn ffynnu ar draws Ewrop, roedd y gwledydd yn amheus iawn o'i gilydd. Roedd pobl yn ofni y byddai un bloc yn dod yn fwy pwerus na'r llall, yn defnyddio'r pŵer i reoli Ewrop ac yna y byddai rhyfel yn siŵr o ddod.

Yn 1910, cyhoeddodd Norman Angell, awdur o Brydain, lyfr o'r enw *The Great Illusion*. Ynddo roedd yn dadlau na fyddai rhyfel rhwng gwledydd Ewrop byth yn digwydd. Roedd economi'r gwledydd mor agos at ei gilydd, byddai rhyfel yn difetha'r cyfoeth roedd pawb yn ei fwynhau. Roedd Angell yn meddwl na allai rhyfel ddigwydd achos byddai mor ddinistriol oherwydd grym milwrol y ddwy ochr. Roedd ei lyfr yn boblogaidd iawn, ond roedd yn anghywir am bopeth – heblaw am ganlyniadau ofnadwy rhyfel.

Cystadleuaeth forol

Roedd Prydain yn meddwl mai ar y Llynges Brydeinig roedd ei chyfoeth a'i diogelwch yn dibynnu. Er mwyn cadw ei safle yn y byd, roedd rhaid i'r llynges fod ddwywaith maint unrhyw ddwy wlad arall.

Roedd yr Almaen eisiau mwy o drefedigaethau hefyd, ac ofnai Prydain y gallai gipio rhai oddi wrthi. Aeth y ddwy ochr ati i adeiladu llongau rhyfel i warchod eiddo dramor, neu i'w helpu i ennill rhagor o dir. Roedd y gystadleuaeth fwyaf yn y ras i adeiladu llongau rhyfel mawr o'r enw dreadnoughts.

Pan gafodd ei hadeiladu yn 1906, *HMS Dreadnought* oedd y llong ryfel gyflymaf yn y byd. Rhoddodd ei henw i fath newydd o longau rhyfel mawr.

'We want eight!'

Roedd dreadnoughts yn ddrud iawn ac roedd rhaid i lywodraeth Prydain godi trethi i dalu amdanyn nhw.

Er gwaethaf hyn, roedd llawer o bobl eisiau iddyn nhw gael eu hadeiladu. Ar y pryd, roedd nofelau ac erthyglau oedd yn sôn am yr Almaen yn goresgyn Prydain yn boblogaidd. Felly pan gynigiodd y llywodraeth adeiladu pedwar dreadnought yn unig, daeth tyrfa o bobl i Lundain i brotestio a gweiddi, "We want eight and we won't wait!"

Cartŵn Ffrengig o'r 'cawr mawr o'r Almaen', Otto von Bismark, Canghellor yr Almaen.

Gwlad newydd

Yn y 19eg roedd 39 talaith annibynnol yn yr Almaen. Perswadiodd Prwsia, y fwyaf pwerus, y lleill i oresgyn Ffrainc yn 1870, meddiannu Alsace a Lorraine ac uno o gwmpas Prwsia i wneud gwlad newydd bwerus.

Newid cynghreiriau

Un o brif achosion y Rhyfel Mawr oedd y system o gynghreiriau oedd wedi datblygu rhwng prif wledydd Ewrop. Roedd pob gwlad yn meddwl ei bod yn gryfach ac yn fwy diogel mewn partneriaeth o gynghreiriaid. Roedden nhw'n gobeithio na fyddai neb yn ymosod ar ei gilydd oherwydd bod y ddwy ochr mor fawr a chryf.

Ond doedd y syniad hwn ddim yn gywir. Dechreuodd rhai ofni, tasai'r Almaen yn dod yn gryfach, y byddai'r cydbwysedd bregus yn chwalu. Yna, pan fyddai rhyfel yn dod, byddai gwledydd yn cael eu llusgo i ymladd mewn rhyfel nad oedd yn bwysig iddyn nhw.

Mae'r darlun hwn yn dangos Wilhelm I o Brwsia yn cael ei gyhoeddi'n Kaiser ('brenin') yr Almaenwyr, yn Neuadd y Drychau, Versailles yn 1871 – eiliad allweddol wrth i'r Almaen ddod yn fwy pwerus.

Ententes a chynghreiriau

Gan fod yr Almaen yn ofni y byddai Ffrainc yn dial
ar ôl Rhyfel Ffrainc a Phrwsia, gwnaeth yr Almaen
gynghrair ag Awstria-Hwngari. Addawodd y ddwy ochr
i roi help milwrol i'w gilydd tasai Rwsia neu Ffrainc yn
ymosod. Ymunodd yr Eidal yn 1882, a chreu cynghrair
driphlyg o'r enw y Pwerau Canolog.

Yn ystod y degawdau wedyn, gwnaeth Ffrainc,
Rwsia a Phrydain gynghrair, a chynnig help i'w gilydd
tasai ymosodiad yn digwydd. O'r diwedd, yn 1907,
daeth y tair gwlad at ei gilydd mewn cytundeb o'r
enw'r *Entente Triphlyg* ('cytundeb' neu 'dealltwriaeth').

Achosion y Rhyfel

Un o'r pethau oedd yn dychryn Ffrainc, Prydain a Rwsia
oedd bod swyddogion milwrol yr Almaen wedi dod yn
rhan o'r llywodraeth. Ac roedd achos i boeni. O achos
y rhyfel â Ffrainc, roedd yr Almaen wedi uno ac ennill
tiriogaeth yn nwyrain Ffrainc. Nawr roedd rhai yn
y llywodraeth eisiau rhagor o anturiaethau milwrol.

Cynllun Schlieffen

Roedd yr Iarll Alfred von
Schlieffen yn ofni rhyfel â
Ffrainc a Rwsia ar yr un
pryd, felly dyfeisiodd gynllun
oedd i fod yn glyfar iawn.

Gan wybod y byddai
byddin enfawr Rwsia'n
cymryd amser i gyrraedd
ffin dwyrain yr Almaen,
cynigiodd y dylen nhw
goncro Ffrainc yn gyflym
drwy fynd drwy Wlad Belg,
oedd yn niwtral. Byddai'r
Almaen yn gallu cipio Paris
a threchu Ffrainc mewn
chwe wythnos.

Yna gallai'r Almaenwyr
droi eu grym milwrol i gyd
ar Rwsia. Ymddeolodd
Schlieffen yn 1905, ond
roedd yr arweinwyr yn credu
yn ei gynllun ac yn disgwyl
ennill yn hawdd. Hebddo,
efallai y bydden nhw wedi
bod yn fwy gofalus.

Mae'r map cartŵn
Almaenig hwn o Ewrop,
o 1914, yn dangos
yr Almaen (glas) ac
Awstria-Hwngari (melyn)
fel milwyr penderfynol
gydag arfau'n barod, a'u
gelynion o'u cwmpas.

Yr Archddug Franz Ferdinand a Sophie ei wraig ar 28 Mehefin, diwrnod olaf eu bywydau.

Y gwreichionyn tyngedfennol

Dechreuodd y llithro tuag at ryfel ar 28 Mehefin 1914. Aeth yr Archddug Franz Ferdinand, etifedd coron Awstria-Hwngari, a'i wraig ar ymweliad swyddogol â Sarajevo, prifddinas Bosnia. Roedd y wlad newydd gael ei chipio gan ei ymerodraeth. Ond roedd rhai pobl yn Bosnia'n gwrthwynebu. Roedden nhw eisiau ymuno â Serbia, eu cymydog oedd yn wlad Slafaidd hefyd, a thorri'n rhydd o ymerodraeth Awstria-Hwngari.

Cafodd yr Archddug a'i wraig eu saethu'n farw gan Gavrilo Princip, myfyriwr ac anarchydd 19 oed. Rhoddodd yr Awstriaid y bai ar y Serbiaid. Cyn pen mis, gyda chefnogaeth yr Almaen, roedd yr Awstriaid wedi cyhoeddi rhyfel yn erbyn Serbia.

Oedd rhyfel yn sicr o ddigwydd?

Doedd dim sicrwydd y byddai'r Rhyfel Byd Cyntaf yn digwydd ar y pryd er bod problemau a thensiynau mawr yn Ewrop.

Hyd yn oed yn 1913, aeth brenhinoedd Prydain a'r Almaen i ymarferion milwrol yn gwisgo iwnifform ei gilydd i ddangos ewyllys da.

Un peth ar ôl y llall

Erbyn hyn roedd gwe'r cynghreiriau'n tynnu pawb at ryfel. Roedd Rwsia'n gyfeillgar â Serbia, ac ar 31 Gorffennaf, dechreuodd Rwsia symud ei byddin enfawr i amddiffyn Serbia. Roedden nhw'n paratoi'r fyddin at ryfel rhag ofn na fyddai Awstria-Hwngari'n camu 'nôl. Ond wnaethon nhw ddim cyhoeddi rhyfel.

Roedd yr Almaen yn ofni byddin Rwsia. Er ei bod yn araf a henffasiwn, roedd yn enfawr ac yn bwerus. Roedd arweinwyr yr Almaen yn ofni 'stêm-roler Rwsia'. Cyhoeddon nhw ryfel ar Rwsia, er mwyn paratoi at ymladd cyn gynted â phosib. Wedyn dechreuodd Ffrainc, cynghreiriad Rwsia, baratoi at ryfel hefyd. Felly cyhoeddodd yr Almaen ryfel yn erbyn Ffrainc, a rhoi Cynllun Schlieffen ar waith (gweler t.17).

Camsyniad tyngedfennol

Ar 4 Awst, aeth yr Almaen i mewn i Wlad Belg niwtral. Roedden nhw am goncro Ffrainc yn gyflym, cyn troi eu holl rym at Rwsia. Doedden nhw ddim wedi disgwyl i Brydain ymyrryd. Ond roedd ar Brydain ofn colli rheolaeth ar y Sianel a'r fasnach gydag Ewrop, tasai'r Almaen yn rheoli porthladdoedd Gwlad Belg. Felly, cyhoeddodd Prydain ryfel ar yr Almaen, oherwydd hen gytundeb oedd yn dweud y byddent yn amddiffyn Gwlad Belg.

   Doedd llawer yn llywodraeth Prydain ddim eisiau rhyfel roedden nhw'n ei alw'n 'ffrae yng ngwledydd y Balcan'. Dywedodd yr Almaen nad oedd yn mynd i ymosod ar Brydain. Ond, er gwaethaf sawl cyfarfod diplomyddol brys a thelegramau, roedd y cyfandir cyfan yn rhyfela nawr.

Cyffro rhyfel

Roedd pobl sawl dinas y gwledydd oedd yn ymladd wrth eu bodd o glywed am y rhyfel ac yn siŵr y byddai'r cyfan ar ben cyn y Nadolig.

Dywedodd y Kaiser wrth ei filwyr y bydden nhw gartref, "cyn i'r dail ddisgyn o'r coed." Doedd neb wir yn siŵr beth i'w ddisgwyl. Ar wahân i Ryfel byr Ffrainc a Phrwsia yn 1870-71, roedd y rhyfel mawr diwethaf yn Ewrop wedi digwydd 100 mlynedd cyn hynny, adeg Napoleon. Byddai pawb yn cael sioc fawr.

"Doedd dim un oedolyn yn gwybod beth oedd rhyfel. Roedd pawb yn meddwl mai mater o orymdeithio a brwydro mawr fyddai hi, a'r cyfan drosodd mewn chwinciad."

AJP Taylor, hanesydd o Brydain.

Dynion hapus o Baris yn gadael prifddinas Ffrainc i ymuno â'r fyddin ym mis Awst 1914. Byddai llawer ohonyn nhw'n cael eu lladd yn ystod wythnosau cyntaf ffyrnig y brwydro.

1914: Dechrau'r Rhyfel

Ar ddechrau'r rhyfel aeth cannoedd o filoedd o ddynion ifanc gwlatgar i swyddfeydd recriwtio'r fyddin ledled Ewrop. Ond doedd neb yn gwybod beth i'w ddisgwyl. Roedd pob milwr newydd yn meddwl y byddai gartref cyn pen misoedd, hyd yn oed wythnosau, efallai gydag anaf bach i ddangos iddo fod ar antur fawr.

Cafodd nifer enfawr o filwyr eu lladd yn ystod wythnosau cyntaf y rhyfel. Cyn pen mis roedd hi'n amlwg fod byddinoedd Ewrop yn wynebu math newydd o ryfela, lle roedd mantais fawr gan yr amddiffynwyr dros yr ymosodwyr. O'u blaenau roedd lladdfa ofnadwy dros bedair blynedd.

Ffrynt y Gorllewin

Dechreuodd y Rhyfel yn ôl y disgwyl – gyda gorymdeithio mawr ac uchelgais fawr. Ymosododd y Ffrancwyr ar y ffin â'r Almaen, gan obeithio ailennill Alsace a Lorraine ar ôl i'r Almaen eu cipio yn 1871.

Aeth milwyr Ffrainc i'r gad yn eu hiwnifformau traddodiadol ac amlwg – coch a glas llachar. Dim syndod iddyn nhw fod yn darged hawdd i filwyr gynnau peiriant yr Almaen. Lladdwyd nifer dychrynllyd o filwyr Ffrainc – 300,000 erbyn diwedd y flwyddyn, ac anafwyd bron i 700,000. Roedd rhaid cael iwnifform lai llachar.

Ymosod a gwrthymosod

Roedd y Cadfridog Helmuth von Moltke, cadlywydd yr Almaen, yn benderfynol o ddilyn cynllun Schlieffen ac ymosod ar Ffrainc drwy Wlad Belg. Ond daeth problemau'n syth. Doedd milwyr Gwlad Belg ddim yn hawdd eu trechu, a chyrhaeddodd y Rwsiaid ffin dwyreiniol yr Almaen yn gynt na'r disgwyl.

Milwyr yr Almaen yn hyfforddi mewn caeau agored cyn dechrau'r rhyfel.

Bron ym Mharis

Erbyn diwedd mis Awst, roedd yr Almaenwyr ddyddiau'n unig o Baris. Gadawodd miliwn o bobl Paris, ac aeth llywodraeth Ffrainc i Bordeaux. Roedd Canghellor yr Almaen yn meddwl eu bod ar fin ennill, a lluniodd femorandwm heddwch oedd yn mynnu llawer o arian a thir gan Ffrainc.

Ond ar yr eiliad allweddol hon, llwyddodd milwyr Ffrainc ger afon Marne i wrthymosod ar filwyr blinedig yr Almaen. Erbyn 10 Medi, rhoddodd von Moltke y gorau i'w gynllun. Mae'n debyg iddo ddweud wrth y Kaiser: "Eich Mawrhydi, rydyn ni wedi colli'r Rhyfel."

Roedd y ddwy ochr yn gobeithio trechu'r llall, ond methon nhw. Erbyn diwedd y flwyddyn, roedden nhw'n wynebu ei gilydd ar hyd 765km (475 milltir) o ffosydd wedi'u hamddiffyn – o'r Sianel i fynyddoedd yr Alpau. Dyna fyddai patrwm y Rhyfel.

Brwydr 1af Ypres

Roedd Brwydr Ypres, tref fach ger arfordir Gwlad Belg, yn arwydd o'r hyn oedd i ddod. Digwyddodd yn yr hydref yn y glaw a'r mwd rhewllyd.

Yn ystod misoedd Hydref a Thachwedd 1914, cafodd 50,000 o filwyr yr Almaen a 25,000 o filwyr y Cynghreiriaid eu lladd. Collodd byddin Prydain lawer o'i milwyr mwyaf profiadol. Collodd yr Almaenwyr lawer o'u gwirfoddolwyr ifanc brwd.

Yr enw ar y frwydr oedd *Kindermord*, 'Lladdfa'r rhai diniwed'. Yn y diwedd, fel y rhan fwyaf o'r brwydrau ar Ffrynt y Gorllewin, enillodd neb.

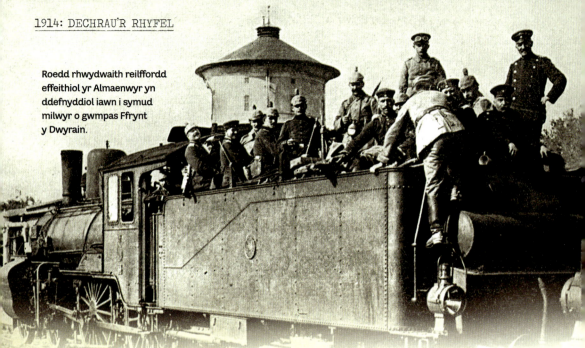

Roedd rhwydwaith reilffordd effeithiol yr Almaenwyr yn ddefnyddiol iawn i symud milwyr o gwmpas Ffrynt y Dwyrain.

Y Môr Baltig

Llynnoedd Maswria

Dwyrain Prwsia

YR ALMAEN

Tannenberg

RWSIA

Galicia

AWSTRIA-HWNGARI

Mynyddoedd Carpatia

Ymosodiad Rwsia

Gwrthymosodiad yr Almaen

— Blaen y gad, 31 Rhag 1914

Cafodd gobaith Rwsia o ennill ei rwystro'n gynnar yn y Rhyfel, ar ôl colli dwy frwydr bwysig yn Tannenberg a Llynnoedd Maswria.

Ffrynt y Dwyrain

Roedd yr Almaenwyr yn llygad eu lle i boeni am ymladd rhyfel ar ddau ffrynt. Cyn pen wythnos iddynt gyhoeddi rhyfel, roedd milwyr Rwsia yn Nwyrain Prwsia. Roedd Prif Swyddogion yr Almaen yn ofni hyn cymaint, symudon nhw bedair adran (100,000 o ddynion) oedd i fod i ddilyn Cynllun Schlieffen i'r Dwyrain. Fel y rhyfel yn y Gorllewin, byddai'r ddwy ochr yn brwydro â'i gilydd heb i neb ennill. Ond roedd Ffrynt y Dwyrain yn rhy fawr ar gyfer rhyfela mewn ffosydd.

Ymosod heb fapiau

Cafodd ymosodiad Rwsia ar Ddwyrain Prwsia ei atal yn gyflym ac enillodd yr Almaenwyr fuddugoliaeth wych ym mis Awst. Roedd dwy fyddin Rwsia o dan ddau gadfridog oedd yn wrthwynebwyr. Anfonon nhw eu milwyr i gorsydd a fforestydd Tannenberg, heb fapiau a heb syniad ble roedd y gelyn.

Cafodd milwyr Rwsia eu trechu gan fyddin Almaenig lawer llai wrth ddefnyddio system reilffordd i gario ei milwyr i'r union fan lle roedd eu hangen. Cafodd ail fyddin Rwsia ei difodi a phenderfynodd y Cadfridog Samsonov, y cadlywydd, ei ladd ei hun yn lle rhoi gwybod i'r Tsar am y golled. Ymhen wythnos, cafodd pob un o'r Rwsiaid yn Nwyrain Prwsia eu gyrru allan ym Mrwydr Llynnoedd Maswria. Methon nhw ymosod eto tan y gwanwyn wedyn.

Awstria-Hwngari

Methodd milwyr Rwsia yn erbyn yr Almaenwyr, ond llwyddon nhw yn erbyn milwyr Awstria-Hwngari. Roedd eu harweinwyr nhw'n waeth ac yn llai trefnus na'r Rwsiaid hyd yn oed.

Ym mrwydr Galicia, gwthiodd y Rwsiaid nhw 'nôl i'r Carpatiau. Hefyd methodd milwyr Awstria-Hwngari goncro Serbia, a lwyddodd i'w gwthio nhw yn ôl.

Carcharorion Rwsia ar ôl cael eu trechu yn Llynnoedd Maswria yn Nwyrain Prwsia. Doedd bechgyn mor ifanc â'r carcharor yn y blaen ddim i'w gweld yn aml ar feysydd y gad yn y Rhyfel Byd Cyntaf.

Twrci yn ymuno â'r Rhyfel

Ym mis Hydref, cafodd y Pwerau Canolog ragor o newyddion da i'r ymgyrch yn y Dwyrain. Ymunodd Twrci â'r rhyfel ar eu hochr nhw. Yn syth daeth dwyrain y Môr Canoldir yn faes y gad arall. Roedd rhaid i'r Cynghreiriaid symud milwyr ac adnoddau i amddiffyn ardal eang arall rhag y gelyn.

Roedd milwyr Otomanaidd Twrci heb gael hyfforddiant da. Yn aml roedd rhaid iddyn nhw ymladd gwrthryfel yn eu hymerodraeth, yn ogystal â'r Prydeinwyr neu'r Ffrancwyr.

God heard the
embattled nations
sing and shout:

"Gott strafe
(punish) England" -
"God Save the King"

"God this" - "God
that" - and "God
the other thing"

"My God," said God,
"I've got my work
cut out."

Cerdd gan JC Squire 1915

Mythau a phropaganda

Gan mlynedd yn ôl, roedd pobl yn fwy tebygol o gredu'r hyn roedd y llywodraeth a'r papurau newydd yn ei ddweud. Credai llawer hyd yn oed fod Duw 'ar eu hochr nhw' ac roedden nhw'n barod i gredu unrhyw arwydd a oedd fel tasai'n profi hynny.

Angylion Mons

Teimlai pobl gwledydd y Rhyfel yn wladgarol iawn, felly roedden nhw'n credu propaganda fyddai'n anhygoel i ni. Yn niwedd haf 1914, er enghraifft, credai llawer o bobl Prydain fod llu o angylion wedi helpu milwyr blinedig Prydain yn Ffrainc. Daeth y chwedl hon o stori ffuglen mewn cylchgrawn, ond credai llawer o ddarllenwyr mai adroddiad go iawn oedd e.

Mae'r darlun hwn o gylchgrawn o'r cyfnod yn dangos llu o angylion yn helpu milwyr Prydain yn ystod Brwydr Mons.

Rheibio Gwlad Belg

Pan oedd yr Almaenwyr yng Ngwlad Belg, saethon nhw 850 o sifiliaid i ddial am ymosodiadau gan ymladdwyr mudiad gwrthwynebu Gwlad Belg. Llosgwyd dros 1,500 o adeiladau i'r llawr a defnyddiwyd gwystlon fel 'tarianau dynol'.

Ond gorliwiodd gwasg Prydain hyn fel ymgyrch o dreisio a lladd. Roedd honiadau rhyfedd, fel yr un oedd yn disgrifio lleianod noeth yn cael eu hongian o glychau eglwys. Disgrifiodd un ysgrifennwr filwyr yr Almaen yn ymosod fel 'Jack-the-Rippers' ac roedd manylion storïau erchyll yn cael eu hadrodd.

Ond mae propaganda, hyd yn oed os yw'n ddwl, yn gallu cael effaith dda. Cefnogodd llawer o Americanwyr y Cynghreiriaid ar ôl darllen am droseddau rhyfel yr Almaen. Efallai fod stori ffug am 'ffatrïoedd cyrff' yr Almaenwyr, lle roedd milwyr yn cael eu troi'n gemegau, wedi helpu i berswadio pobl China, oedd yn addoli eu cyndadau, i ymuno â'r Cynghreiriaid.

Arwyr Langemarck

Roedd yr Almaen yn creu propaganda hefyd. Roedd llawer o'r myfyrwyr prifysgol gorau wedi ymrestru i ymladd, a lladdwyd llawer wrth ymosod ar Wlad Belg a Ffrainc.

Tyfodd chwedl am y myfyrwyr hyn yn mynd i'r gad, fraich ym mraich, yn canu caneuon gwladgarol wrth gael eu lladd yn eu miloedd.

Yn y 1920au a'r 1930au, roedd y Natsïaid yn defnyddio storïau fel hyn i bwysleisio mor gryf oedd ysbryd yr Almaenwyr.

Chwith: mae'r poster hwn o Rwsia'n dangos Marwolaeth y tu ôl i'r Kaiser – neges glir i'r bobl gartref fod y wlad yn ymladd gelyn drwg dychrynllyd.

Dde: roedd y poster hwn o Brydain yn atgoffa pawb am y pethau erchyll a ddigwyddodd pan aeth yr Almaen i mewn i Wlad Belg, i'w hannog i ymrestru yn y fyddin.

Milwyr Prydain yn tanio'r gynnau mawr. Er nad oedden nhw'n ymladd ar flaen y gad, roedd y dynion hyn yn gallu cael eu saethu gan y gelyn.

Sieliau'r gynnau mawr

Roedd tri phrif fath o sieliau yn cael eu defnyddio yn y Rhyfel.

Roedd ffrwydron fel hwn yn ddigon pwerus i ddinistrio adeilad neu ffos.

Roedd shrapnel yn llawn darnau o fetel neu ferynnau. Roedden nhw'n ffrwydro yn yr awyr ac yn effeithiol iawn yn erbyn milwyr.

Roedd sieliau nwy yn rhyddhau nwy gwenwynig wrth daro'r llawr, gan effeithio ar lygaid ac ysgyfaint milwyr.

Math newydd o ryfela

Roedd y milwyr yn y Rhyfel yn anlwcus o fod yn ymladd ar adeg pan oedd arfau amddiffyn yn llawer gwell nag arfau ymosod. Roedd y dyfeisiadau newydd, gynnau peiriant ac weiren bigog, a mathau newydd o fagnelau, yn drech na milwyr oedd yn cario drylliau, bidogau a rhai grenadau yn unig. Doedd gan y cadlywyddion ddim syniad pa dactegau i'w defnyddio i symud ymlaen.

Gynnau mawr

Roedd technoleg rhyfel wedi symud ymlaen ac roedd y gynnau mawr yn arfau pwerus. Roedden nhw'n tanio sieliau'n llawn ffrwydron newydd fel dynameit neu TNT, yn ogystal â shrapnel (darnau bach o fetel i ladd milwyr), neu nwy.

Roedd y gynnau'n cael eu llwytho o'r cefn, felly doedd dim rhaid anelu eto bob tro. Yn ystod y Rhyfel, lladdodd sieliau fwy o filwyr nag unrhyw fath arall o arf.

Gynnau peiriant

Hiram Maxim, Americanwr oedd yn byw ym
Mhrydain a ddyfeisiodd ynnau peiriant ar ddiwedd
y 19eg ganrif. Sylweddolodd Maxim y gallai
ddefnyddio grym bwled oedd yn cael ei thanio i lawr
baril, neu'r adlam, i gael gwared ar getris gwag ac
i yrru un newydd i siambr danio'r dryll. Gallai ei wn
peiriant saethu 600 bwled y funud a chafodd effaith
ofnadwy ar y milwyr oedd yn ymosod.

Weiren bigog

Cafodd weiren bigog ei dyfeisio yn 1873. Roedd yn
cael ei defnyddio yn lle ffensys pren o gwmpas caeau,
ond daeth yn un o offer mwyaf effeithiol y Rhyfel.
Roedd yn anodd ei dinistrio, ac yn rhwystro milwyr
oedd yn ymosod. Yn ddiweddarach yn y Rhyfel,
cafodd ffiwsys newydd eu datblygu i'w dinistrio.

Mae'r darlun hwn gan Paul Nash, arlunydd rhyfel
o Brydain, yn dangos gwe drwchus o weiren
bigog ar faes y gad ar Ffrynt y Gorllewin.

"Anghofiwch am
gemeg a thrydan!
Os ydych chi
eisiau gwneud
llwyth o arian,
dyfeisiwch rywbeth
fel ei bod yn haws
i bobl Ewrop ladd
ei gilydd."

Cyngor a gafodd Hiram
Maxim, dyfeisiwr y gwn
peiriant, sydd yn y llun.

Cadoediad y Nadolig

Roedd Nadolig 1914 yn amser arbennig o drist yn y Rhyfel. Rhaid bod y milwyr oedd yn y ffosydd rhewllyd a mwdlyd wedi cofio'r gobaith y byddai'r rhyfel 'ar ben erbyn y Nadolig'. Yn lle hynny, roedden nhw'n ymladd a dim gobaith am ddiwedd i'r brwydro.

Er gwaethaf propaganda cynnar y Rhyfel, mae'n debyg nad oedd milwyr cyffredin yn casáu ei gilydd go iawn. Daeth hyn yn arbennig o amlwg ar Ddydd Nadolig. Noswyl Nadolig, gosododd milwyr yr Almaen oleuadau ar goed Nadolig bach, fel roedd yn digwydd gartref, a dechrau canu carolau. Roedd ffosydd yr ochr arall yn aml yn weddol agos, felly rhaid bod milwyr y Cynghreiriaid wedi gallu eu clywed nhw.

"Bechgyn da iawn oedd yr Almaenwyr gyferbyn â ni - o Sacsoni, dynion deallus, parchus yr olwg. Ar ôl sgwrsio dwi wir yn meddwl bod llawer o'r adroddiadau yn ein papurau ni'n gorliwio'n ofnadwy."

Swyddog Prydain yn y Westminster Rifles yn cael ei ddyfynnu yn y *New York Times*, 30 Rhagfyr 1914.

Milwyr Prydain a'r Almaen yn cwrdd yn Nhir Neb yn Ploegsteert, Gwlad Belg, Ddydd Nadolig 1914.

Milwyr Prydain a'r Almaen yn cwrdd yn sector Bridoux-Bancs Ffrynt y Gorllewin.

Ysbryd y Nadolig

Ar doriad gwawr, dechreuodd rhai milwyr dewr sbecian allan o'r ffosydd – am eu bod yn chwilfrydig yn fwy na dim. Cyn hir roedd milwyr ar bob ochr yn mentro allan i Dir Neb (y bwlch rhwng y ffosydd), gan ysgwyd dwylo a siarad â'u gelynion. Rhoddodd rhai anrhegion Nadolig i'w gilydd a chyfnewid bathodynnau neu hetiau.

Milwyr Prydain a'r Almaen oedd y rhan fwyaf. Mae'n debyg fod y Ffrancwyr yn teimlo'n fwy cas at yr Almaenwyr, efallai achos bod cymaint o Ffrancwyr wedi marw ar ddechrau'r Rhyfel. Hefyd, roedd llawer yn gweld y Rhyfel yn gyfle i ddial am eu colled fawr yn erbyn yr Almaen yn Rhyfel Ffrainc a Phrwsia yn 1870-71.

Cymerodd miloedd o filwyr ran yn y 'cadoediad' answyddogol hwn, tan iddi nosi. Roedd uwch swyddogion ar y ddwy ochr yn wyllt gacwn pan glywson nhw amdano. Daeth gorchymyn na ddylai hyn ddigwydd byth eto.

Anrhegion Nadolig

Cafodd milwyr ar y ddwy ochr roddion Nadolig swyddogol. Rhoddodd Kaiser yr Almaen bibau, sigârs a choed Nadolig bychain.

Ar ochr Prydain, agorodd y Dywysoges Mary, merch George V, gronfa i filwyr a morwyr. Roedd pobl mor hael fel cafodd pob dyn anrheg arbennig: tun yn llawn baco a siocled.

Ffotograff o long awyr a llong ryfel dreadnought yr
Almaen yn ystod ymarfer y llynges yn 1915.

Methodd y dechnoleg ddrud ddiweddaraf roi mantais
i'r naill ochr na'r llall. Ond gyda llongau awyr yr
Almaen, daeth math newydd o ryfela, sef bomio
dinasoedd y gelyn sawl milltir o flaen y gad. Doedd
awyrennau ymladd ddim yn gallu hedfan yn ddigon
uchel i'w saethu nhw i lawr tan 1916.

1915: Neb yn ennill

Gan nad oedd neb yn ennill ar Ffryntiau'r Gorllewin a'r Dwyrain, chwiliodd y cadlywyddion milwrol am ddulliau newydd i dorri trwodd. Wrth edrych am wendidau'r gelyn, lledodd y Rhyfel draw i ddwyrain y Môr Canoldir, y Dwyrain Canol ac Affrica. Aeth yr ymladd i lwybrau'r môr rhwng y gwledydd hefyd. Er bod miloedd ar filoedd wedi'u lladd, roedd y gwledydd yn dal i eisiau rhyfela. Roedden nhw'n benderfynol na fyddai'r milwyr oedd wedi syrthio yn marw'n ofer.

Bywyd yn y ffosydd

O ddiwedd hydref 1914 tan wanwyn 1918, dim ond 16km (10 milltir) symudodd blaen y gad ar Ffrynt y Gorllewin. Yn aml dim ond 1km (2/3 milltir) oedd rhwng y ffosydd, weithiau cyn lleied â 50m (150 troedfedd) neu lai hyd yn oed.

Cadlywyddion yr Almaen oedd y cyntaf i gydnabod na fyddai neb yn ennill am sbel. Felly adeiladon nhw eu ffosydd yn well na'r Cynghreiriaid, gyda lleoedd gwell i fyw.

Roedd ffosydd Prydain yn anghyfforddus dros ben. Er bod arogl cyrff heb eu claddu a thoiledau agored, oerfel a glaw, llau a llygod mawr, roedd y ffosydd yn fannau amddiffynnol effeithiol.

Mae *Oppy Wood, 1917, Evening*, gan John Nash, yr arlunydd o Loegr, yn dangos tirlun llwm Tir Neb ar noson glir o aeaf. Roedd hi'n well gan y milwyr pan oedd hi'n rhewi na phan oedd hi'n bwrw, gan fod y glaw'n troi'r ffosydd yn gors wlyb.

Wrth i'r Rhyfel lusgo ymlaen, gadawodd y ddwy ochr fylchau bwriadol yn y weiren bigog o flaen eu ffosydd er mwyn denu'r milwyr oedd yn ymosod, a'u saethu â gynnau peiriant.

Y drefn yn y ffosydd

Pan oedd egwyl o'r ymladd, roedd trefn i fywyd y ffosydd. Byddai'r milwyr yn glanhau eu harfau ac yn trwsio llwybrau a muriau. Roedd rhaid i'r dynion gadw ei pennau i lawr rhag cael eu saethu. Roedd milwr yn siŵr o farw os oedd yn edrych dros ben y ffos. Roedd rhai milwyr yn defnyddio drychau a pherisgopau i weld pan fyddai'r gelyn yn ymosod.

Er nad oedd y ffosydd yn gyfforddus, roedd rhai pethau da. Roedd y gwasanaeth post at y dynion mor dda, byddai bwyd fel cacen a oedd yn cael ei anfon o gartre, yn cyrraedd yn ffres.

Pan oedd hi'n nosi, roedd y milwyr yn gosod neu'n trwsio'r weiren bigog ac yn casglu'r dynion oedd wedi marw neu wedi'u hanafu o Dir Neb. Weithiau byddai criw bach yn cael ei anfon i ffos y gelyn i gipio milwr i'w holi.

Roedd hyn i gyd yn beryglus iawn. Roedd fflerau'n cael eu tanio i oleuo'r tir rhwng y ffosydd. Byddai unrhyw ddyn oedd yn cael ei ddal yno'n cael ei ladd yn gyflym â gwn peiriant.

Profiad chwerw

Bu Adolf Hitler, a fyddai'n dod i arwain y Natsïaid, yn y ffosydd pan oedd yn ifanc. Enillodd y Groes Haearn am ei ddewrder, ond ar ôl ei brofiad aeth yn chwerw ac eithafol. Tynnwyd llun ohono ar flaen y gad gyda'i gi Jack Russell – roedd cŵn yn werthfawr i filwyr oherwydd eu bod yn hela'r llygod mawr yn y ffosydd.

Cael seibiant

Fel arfer byddai milwyr yn treulio wythnos mewn ffos ar flaen y gad, yna wythnos mewn ffos yn union y tu ôl i'r llinell flaen. Wedyn roedd pythefnos o seibiant, ymhellach y tu ôl i'r llinell flaen.

Yma, mae milwyr yr Almaen yn ymlacio – yn canu'r piano ac yn paratoi bwyd – y tu ôl i ffosydd Ffrynt y Gorllewin.

Twrci'n ymuno â'r Rhyfel

Ar ddiwedd mis Hydref 1914, ymunodd Twrci â'r Pwerau Canolog. Dros y canrifoedd blaenorol, roedd y rhan fwyaf o'r Dwyrain Canol yn rhan o'r Ymerodraeth Otomanaidd, bloc pŵer Twrci. Ond, erbyn 1914, roedd Twrci wedi colli llawer o diroedd i bwerau tramor fel Prydain. Er mai'r Swltan Mehmed V oedd yn rheoli Twrci mewn enw, grŵp o wleidyddion o'r enw'r Twrciaid Ifanc oedd yn gwneud hynny. Enver Pasha oedd eu harweinydd.

Y Twrciaid Ifanc

Roedd lluoedd arfog Twrci heb ddigon o offer a heb gael eu hyfforddi'n dda, ond roedd y Twrciaid Ifanc eisiau eu defnyddio i ailennill rhannau o'r ymerodraeth. Felly buon nhw'n rhyfela â'r Prydeinwyr, oedd eisiau dal i reoli'r olew ym Mesopotamia (Irac nawr) a Chamlas Suez yn yr Aifft, dolen hanfodol rhwng Prydain a'i hymerodraeth yn India.

Jihad y Swltan

Mwslim oedd Swltan Twrci. Ar ôl i Kaiser yr Almaen ei annog, cyhoeddodd Mehmed V *jihad*, neu 'ryfel sanctaidd' yn erbyn y Cynghreiriaid. Gobaith y Kaiser oedd y byddai Mwslimiaid yn yr Aifft ac India yn codi yn erbyn y Prydeinwyr.

Yr ymerodraeth Otomanaidd yn 1914

Doedd cael Twrci'n rhan o'r Pwerau Canolog ddim yn syniad da. Roedd yr ymerodraeth yn gawl o ieithoedd, crefyddau a grwpiau hil. Roedd rhai'n ymladd ymysg ei hunain ac â'i gilydd, a hefyd yn gwrthryfela yn erbyn y Swltan Otomanaidd.

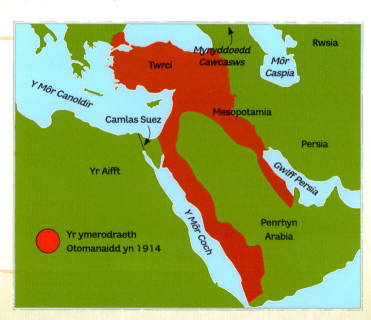

Rwsia

Mynyddoedd Cawcasws

Môr Caspia

Twrci

Y Môr Canoldir

Mesopotamia

Camlas Suez

Persia

Gwlff Persia

Yr Aifft

Y Môr Coch

Penrhyn Arabia

⬤ Yr ymerodraeth Otomanaidd yn 1914

Trychineb ddwbl

Ymladdodd milwyr Prydain ac India yn erbyn ymosodiadau Twrci ar Suez ac India. Yna trodd Twrci ei sylw i Fynyddoedd Cawcasws, lle roedd wedi gwrthdaro'n aml â Rwsia. Cyrhaeddodd milwyr heb baratoi'n dda at dywydd garw'r gaeaf. Pan ddaeth yr ymgyrch i stop yn nechrau 1915, roedd 30,000 ohonyn nhw wedi rhewi i farwolaeth a 45,000 arall wedi marw wrth ymladd â milwyr caled Rwsia.

Roedd y Twrciaid yn chwilio am rywun i'w feio am eu methiant, felly pigon nhw ar yr Armeniaid, lleiafrif Cristnogol lleol. Defnyddion nhw esgus 'y rhyfel sanctaidd' ac anfon milwyr Armenia i wersylloedd gweithio arbennig lle buon nhw farw o flinder a chlefydau. Gorfodwyd sifiliaid Armenaidd i gerdded ar draws anialwch Syria. Bu farw'r rhai oedd ar ôl mewn gwersylloedd brwnt, neu cawson nhw eu saethu. Gyda'i gilydd, bu farw o leiaf 800,000 o Armeniaid.

Milwyr arfog yn gorfodi Sifiliaid Armenaidd i fynd o Harput, yn Nhwrci Otomanaidd, ym mis Mai 1915.

Enver Pasha

Enver Pasha oedd y grym y tu ôl i'r Sultan, ond achosodd newyn, lladd a chwyddiant mawr. Cafodd ei anfon o Dwrci ar ôl y Rhyfel, a'i ladd yn 1922, wrth ymladd gyda mudiad gwrthsefyll yng Nghanolbarth Asia yn erbyn y Bolsieficiaid.

Ymosodiad nwy

Dim through the misty panes and thick green light,

As under a green sea, I saw him drowning.

In all my dreams, before my helpless sight,

He plunges at me, guttering, choking, drowning.

Wilfred Owen, swyddog ym myddin Prydain yn gweld ymosodiad nwy yn ei gerdd *Dulce et Decorum Est.*

Mae darlun John Singer Sargent, *Gassed* wedi'i ysbrydoli gan gerfluniau clasurol. Ond dydy Sargeant ddim yn ceisio cuddio cyflwr truenus milwyr a gafodd eu dallu gan ymosodiad nwy.

Yn niwedd mis Ebrill 1915, defnyddiwyd arf newydd brawychus ar filwyr Ffrainc a Canada yn Ypres. Nid milwyr neu sieliau, ond cwmwl mawr o nwy clorin melyn. Wrth iddo losgi eu gwddf a'u hysgyfaint, rhedodd y rhai oedd yn gallu i ffwrdd mewn panig. Roedd yr ymosodiad yn llwyddiant mawr: am gyfnod doedd neb yn amddiffyn 6km (4 milltir) o reng flaen y Cynghreiriaid.

Doedd yr Almaenwyr ddim yn barod am y llwyddiant hwn. Doedd dim digon o ddynion ar gael i dorri trwodd i'r tir agored y tu hwnt i ffosydd Ffrainc. Ond roedd hi'n amlwg fod nwy'n effeithiol. Byddai'r ddwy ochr yn ei ddefnyddio weddill y rhyfel.

Roedd yn arf arbennig o greulon. Roedd yn llithro'n dawel i'r ffosydd, ac yn gwneud i ysgyfaint y dioddefydd gynhyrchu hylif a fyddai'n ei foddi o'r tu mewn. Ychydig oedd yn marw'n syth, ac roedd y rhan fwyaf yn dioddef marwolaeth hir, druenus yn yr ysbytai maes i ffwrdd o'r ffrynt.

Trafferthion â nwy

I ddechrau, cafodd nwy ei ryddhau o duniau mawr dur tuag at linellau'r gelyn. Ond gallai'r gwynt droi a chwythu'r nwy at y milwyr oedd yn ei ddefnyddio. Cyn hir roedd dull mwy dibynadwy'n cael ei ddefnyddio: erbyn diwedd y Rhyfel roedd 25% o sieliau gynnau mawr Prydain, a hyd at 80% o sieliau'r Almaen, yn cynnwys nwy, nid ffrwydron.

Mae nwy clorin yn hydoddi mewn dŵr, felly roedd milwyr oedd yn wynebu ymosodiad nwy'n rhoi clwt gwlyb dros eu cegau a'u trwynau. Cyn hir, daeth masgiau nwy, i filwyr a'u ceffylau. Roedd y rhain yn amddiffyn yn dda ond yn gwneud i filwyr y ddwy ochr fod yn fwy diflas ac anghyfforddus.

Datblygiadau newydd

I ddechrau, defnyddiwyd nwy clorin a ffosgen, oedd yn gwneud i filwr chwydu a thagu a'i ladd petai'n anadlu digon ohono.

Ym Medi 1917, dechreuodd yr Almaenwyr, ac yna'r Cynghreiriaid, ddefnyddio nwy mwstard. Roedd yn llawer gwaeth ac yn ymosod ar y croen a'r ysgyfaint, gan wneud milwyr yn ddall a chreu pothelli ofnadwy.

Milwyr ANZAC (o Awstralia a Seland Newydd) yn ail-greu ymosodiad i ffotograffydd papur newydd, rywle ger ffrynt Twrci.

Gallipoli

Mae tirlun garw Penrhyn Gallipoli ar ymyl Dwyrain y Môr Canoldir. Mae'r culforoedd yn arwain i Fôr Marmara ac Istanbul, prifddinas Twrci, oedd â'r enw Caer Gystennin ar y pryd.

BWLGARIA   Y Môr Du
Caer Gystennin
GROEG   Môr Marmara
TWRCI
Môr Aegea

- Caerau
- Meysydd ffrwydron
- Penrhyn Gallipoli
- Prydain yn glanio
- ANZAC yn glanio
- Prydain yn glanio
- Culfor Dardanelles
- TWRCI

Gallipoli

Gan fod y rhyfel yn Ewrop wedi dod i stop, roedd rhai pobl yn galw am strategaeth newydd. Ym Mhrydain, cyflwynodd Winston Churchill, Prif Arglwydd y Morlys, gynllun i ymosod ar y Pwerau Canolog drwy'r aelod gwannaf, Twrci. Roedd y cynllun yn ddewr, ond yn llawn gwallau.

Roedd Churchill yn gobeithio mai'r Llynges Frenhinol fyddai'n ymladd fwyaf. Petai'r Cynghreiriaid yn gallu dinistrio lluoedd Twrci ar Benrhyn Gallipoli a Chulfor Dardanelles, byddai'n hawdd cyrraedd Caer Gystennin, prifddinas Twrci. Byddai'n rhaid i Dwrci ildio, a byddai llongau Rwsia, oedd yn sownd yn y Môr Du, yn gallu ymosod ar ddargedau'r Almaen ac Awstria-Hwngari yn y Môr Canoldir. Ond roedd ffrwydrynnau a chaerau'n llawn gynnau mawr yn amddiffyn y Dardanelles.

Ar 18 Mawrth, 1915, ymosododd 16 o longau Prydain a Ffrainc ar y Culfor. Suddwyd tair yn syth gan ffrwydrynnau a chafodd tair arall ddifrod mawr.

Y milwyr yn mynd i mewn

Dim ond milwyr ar y llawr fyddai'n gallu bygwth y Twrciaid. Ar 25 Ebrill, glaniodd 52,000 o filwyr y Cynghreiriaid ar y Penrhyn. Roedden nhw'n wynebu gelyn penderfynol oedd wedi dysgu gwersi amddiffynnol Ffrynt y Gorllewin. Adeiladodd y ddwy ochr ffosydd cryf ac yn fuan daeth yr ymgyrch i stop.

Oherwydd y gwres mawr, roedd hi'n anodd ymladd yma. Roedd syched mawr ar filwyr y Cynghreiriaid ac ymledodd clefydau fel dysentri. Roedden nhw'n dal heb symud ymlaen pan gyrhaeddodd y gaeaf, gan ddod ag ewinrhew a niwmonia.

Llusgodd hyn yn ei flaen am naw mis. Erbyn i holl filwyr y Cynghreiriaid dynnu 'nôl yn gynnar yn 1916, roedd bron i 50,000 wedi marw, oherwydd clefydau'n bennaf. Ond roedd y Twrciaid a enillodd yn Gallipoli wedi colli 87,000 o filwyr a doedd dim nerth gan y fyddin i ymladd rhagor.

Milwyr ANZAC

Mae pobl Awstralia a Seland Newydd yn cofio Gallipoli gyda balchder mawr. Ymladdodd 17,000 ohonyn nhw, yr ymgyrch filwrol fawr gyntaf i'r ddwy wlad newydd hon.

Poster enwog a geisiodd wneud i ddynion Awstralia oedd gartref deimlo'n euog am beidio ymladd ochr-yn-ochr â'u ffrindiau.

41

Llongau tanfor

Yn ystod y 19eg ganrif, oherwydd datblygiadau gwyddonol, llwyddodd adeiladwyr llongau i greu un o arfau mwyaf llwyddiannus y rhyfel: y llong danfor fodern. Roedd y llong oedd fel tiwb, yn llawn dynion a pheiriannau, yn defnyddio tanciau balast er mwyn gallu suddo'n dawel o dan y môr.

Roedd peiriannau diesel oedd yn llyncu aer yn ei gyrru'n gyflym ar wyneb y dŵr, ac injans trydan o dan y dŵr. Roedd torpidos ar longau tanfor – yr arf perffaith i ymosod o dan y dŵr.

Defnyddiodd y ddwy ochr longau tanfor. Llongau tanfor yr Almaen, *Unterseeboote* neu *U-boats*, oedd fwyaf llwyddiannus. Llwyddodd 140 U-boat i suddo bron i 5,000 o longau'r Cynghreiriaid. Yn 1917 yn unig, suddodd yr Almaen 2,439 llong gargo, gan achosi caledi mawr a rhwystro ymgyrch ryfel Prydain yn fawr.

Y *Lusitania*

Roedd yr *U-boats* yn hynod effeithiol, ond bu eu llwyddiant yn anfantais i'r Almaen hefyd.

Ym mis Mai 1915, suddwyd *Lusitania*, llong bleser enwog o Brydain, ger arfordir Iwerddon. Roedd 120 o UDA ymhlith y 1,198 a fu farw.

Honnodd yr Almaen fod y llong yn cario arfau. Pan suddwyd y llong, trodd llawer o Americanwyr niwtral yn erbyn yr Almaen.

Ymladd 'nôl

Roedd llongau tanfor yr Almaen yn hoffi suddo llongau oedd yn cario cargo, gan godi i'r wyneb i'w suddo â dryll y llong, yn lle torpido drud. Ond dechreuodd llongau cargo'r Cynghreiriaid, Q-ships, guddio eu gynnau eu hunain, a'u defnyddio pan oedd y llong danfor ar yr wyneb.

Cafodd dyfeisiadau o'r enw hydroffonau eu creu i glywed sŵn injans trydan llongau tanfor. Ar ôl dod o hyd i long danfor, roedd y llong yn gollwng ffrwydron o dan y tonnau. Roedd hyn yn achosi difrod marwol, neu'n gorfodi i'r llong danfor fynd mor ddwfn nes i bwysau'r dŵr ei gwasgu.

Y peth mwyaf diogel i long gargo ei wneud oedd teithio mewn confoi: grŵp o longau, wedi'i amddiffyn gan longau arfog. Wedyn os oedd llong danfor yn ymosod ar gonfoi, byddai'n siŵr o gael ei dinistrio.

Mae'r poster Almaenig hwn o'r Rhyfel Byd Cyntaf yn dathlu arwriaeth criwiau'r U-boats. Roedd siawns o lai na 50/50 ganddyn nhw o fyw drwy'r Rhyfel.

U-boat yr Almaen yng nghanol tonnau mawr rywle yng Nghefnfor Iwerydd. Hyd yn oed pan oedd y môr yn dymhestlog, roedd y dynion o hyd yn awyddus i gael awyr iach ar y twr gwylio.

Milwyr Ffrainc yn rhedeg tuag at linell
flaen yr Almaen, yn y darlun hwn gan
arlunydd anhysbys o Ffrainc. Cafodd dros
chwe miliwn o fîlwyr Ffrainc eu lladd neu
eu hanafu yn ystod y Rhyfel.

1916: Y 'Big Push'

Ar ôl blwyddyn arall heb i neb ennill, ac ymgyrch a fethodd yn Gallipoli, roedd cadfridogion y ddwy ochr yn meddwl tybed sut gallen nhw dorri drwodd. Penderfynon nhw mai brwydrau mawr oedd yr ateb. Dywedodd Falkenhayn, cadbennaeth yr Almaen, ei fod yn bwriadu ymladd â byddin Ffrainc a'i 'gwaedu nes ei bod yn wyn'. Roedd penaethiaid milwrol Prydain yn siarad am wthio ymlaen neu 'big push'. Roedd ganddyn nhw ddigon o ddynion ac arfau diweddaraf y 20fed ganrif. Roedd y ddwy ochr yn meddwl, petaen nhw'n rhoi niferoedd enfawr o ddynion ac arfau ar waith, y bydden nhw'n trechu'r gelyn.

Llygad-dystion Verdun

". . . am laddfa, am olygfeydd ofnadwy. All uffern ddim bod mor erchyll â hyn. Dydy pobl ddim yn gall!"

Dyma'r cofnod olaf yn nyddiadur Alfred Joubaire, milwr o Ffrainc.

"Mae ein dynion druain wedi gweld gormod o bethau erchyll . . . Dydy ein meddyliau bach ni ddim yn gallu deall hyn i gyd."

Milwr di-enw o'r Almaen yn ceisio disgrifio'r ymladd.

Brwydr Verdun

Dechreuodd brwydr fwyaf y Rhyfel gyda bombardio enfawr. Yn ystod yr awr gyntaf yn unig, saethodd tua 1,000 gwn mawr tua 100,000 o sieliau. Rhoddodd yr Almaenwyr enw cod bygythiol i'r ymosodiad ar ddinas Verdun yn Ffrainc: *Operation Gericht*. Roedd dwy ystyr i'r gair yn Almaeneg: 'barn' a 'lle dienyddio'.

Roedd yr Almaenwyr ar dair ochr i'r ddinas. Doedd dim cyswllt rheilffordd, dim ond un heol a gynnau mawr yr Almaen yn ei hamddiffyn. Roedd Falkenhayn, cadlywydd yr Almaen, yn gwybod bod milwyr Ffrainc wedi cael gorchymyn i ddal eu tir ar bob cyfrif. Os nad oedden nhw'n mynd i dorri trwodd, byddai'n rhaid i'w filwyr ladd cymaint o Ffrancwyr fel na allen nhw ddal ati i ymladd.

Dechreuodd yr ymgyrch gan ladd nifer mawr o Ffrancwyr. Chwalwyd caerau cerrig dros y wlad i gyd, a chyn hir roedd hi'n edrych fel wyneb y lleuad.

Roedd pobl yn arfermeddwl mai ffotograff rhyfel oedd hwn o filwyr Ffrainc yn ymladd ac yn marw yn Verdun. Ond ffotograff o ffilm yn ail-greu'r frwydr yw e.

Y Ffrancwyr yn ymladd yn ôl

Ond doedd Falkenhayn ddim wedi meddwl y byddai'r Ffrancwyr mor benderfynol. Roedd Cadfridog Philippe Pétain, cadlywydd newydd, yn benderfynol o ddal ei afael ar y ddinas. Roedd yr unig heol i mewn iddi, y Voie Sacrée ('Ffordd Sanctaidd') yn ôl papurau newydd Ffrainc, yn llawn cerbydau modur oedd yn dod â chyflenwadau hanfodol.

Cyn hir roedd gynnau mawr Ffrainc, o bob rhan o Ffrynt y Gorllewin, yr un mor gryf â rhai'r Almaen. Yn bwysicaf, roedd Pétain yn newid ei filwyr yn gyson, fel na fydden nhw byth yn blino neu'n digalonni gormod i ymladd yn dda.

Hon oedd brwydr hiraf a mwyaf gwaedlyd y rhyfel ac ymladdodd y ddwy ochr heb ddilyn y rheolau. Anafwyd neu laddwyd 532,000 o filwyr Ffrainc, a 434,000 o'r Almaen – efallai mai un rhan o dair o'r rhain oedd yn farwolaethau.

Cynllun marwol

Sylweddolodd Pétain mai cynllun yr Almaenwyr oedd lladd cymaint â phosib o filwyr Ffrainc. Nid cipio tir y gelyn – pwrpas brwydr fel arfer – oedd diben yr ymladd.

Er bod milwyr Pétain i fod i amddiffyn y tir hyd angau, doedden nhw ddim i fod i wrthymosod.

Mae'r poster hwn o Ffrainc yn cofio brwydr byddin Ffrainc yn Verdun. Mae'r geiriau yn y cefndir yn dweud, "Chân nhw ddim mynd heibio!"

Cynnydd marwol

I ddechrau, roedd peilotiaid yn ymosod ar awyrennau'r gelyn â phistolau, grenadau, a hyd yn oed bachau.

Wedyn, cafodd gynnau peiriant eu gosod yn y cefn neu uwchben yr adenydd. Roedd hyn yn beryglus achos gallai'r gynnwr cefn gwympo allan o'r awyren yn hawdd.

Gynnwr cefn

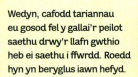

Wedyn, cafodd tariannau eu gosod fel y gallai'r peilot saethu drwy'r llafn gwthio heb ei saethu i ffwrdd. Roedd hyn yn beryglus iawn hefyd.

O'r diwedd, dyfeisiodd Anthony Fokker, dylunydd awyrennau o'r Iseldiroedd, fecanwaith lle roedd y gwn yn tanio dim ond pan na fyddai'n taro'r llafn gwthio. Gallai peilotiaid anelu eu gynnau drwy anelu'r awyren at y gelyn. Yr Almaenwyr ddefnyddiodd y system gyntaf, ond cyn hir copïodd y Ffrancwyr a'r Prydeinwyr hi. Aeth y rhyfel yn yr awyr yn llawer mwy peryglus.

Mecanwaith tanio Fokker

Y rhyfel yn yr awyr

Adeg rhyfel, mae gwyddoniaeth yn datblygu'n gyflym. Yn y Rhyfel Byd Cyntaf, roedd hyn yn arbennig o wir am awyrennau. Yn 1914, roedd peiriannau hedfan yn bethau newydd rhyfeddol. Erbyn 1918, roedden nhw wedi newid rhyfela. Roedd yr awyr wedi dod mor bwysig â'r tir a'r môr.

O awyren ysbïo i awyren fomio

Cododd awyrennau dwbl bregus 1914 i'r awyr er mwyn gweld i ble roedd milwyr y gelyn yn symud neu ble roedd y gynnau mawr. Ond cyn hir daeth peilotiaid ar draws awyrennau'r gelyn a dechreuodd ras i droi eu hawyrennau trwsgl yn beiriannau lladd (gweler ar y chwith).

Erbyn diwedd y rhyfel, roedd awyrennau'n bomio milwyr y gelyn yn y ffosydd, a dinasoedd y gelyn filltiroedd y tu ôl i'r ffrynt. Lai na blwyddyn wedyn, hedfanodd awyren ryfel o Brydain ar draws Cefnfor Iwerydd – camp anhygoel i'r tyrfaoedd oedd wedi croesawu'r awyren gyntaf i groesi'r Sianel yn 1909.

Roedd yr awyrennau bregus hyn o'r Rhyfel Byd Cyntaf yn beryglus i'w hedfan. Cafodd mwy o beilotiaid eu lladd wrth hyfforddi nag wrth ymladd.

Llongau ymladd yn hedfan

Roedd llongau awyr yn cael eu defnyddio hefyd. Nwy fel hydrogen sy'n ysgafnach nag aer oedd yn eu cadw i fyny. Ar y dechrau, roedden nhw'n gallu hedfan yn uwch ac yn bellach nag awyrennau cyffredin, a chario llawer mwy o bwysau mewn arfau.

Zeppelins oedd y mwyaf enwog, ar ôl Iarll von Zeppelin, y dyfeisydd o'r Almaen. Roedd y llongau awyr enfawr hyn, oedd yr un maint â llongau pleser, yn codi ofn ar bobl dinasoedd y gelyn, o Lundain a Pharis i Bucharest a Sevastopol.

Ond doedd dim o'u hangen ar ôl i awyrennau ddechrau hedfan yn uwch ac yn gynt. Hefyd roedd nwy hydrogen yn beryglus achos ei fod yn fflamadwy iawn. Roedd yn cynnau'n hawdd pan oedd awyrennau ymladd yn saethu bwledi tân.

Rhamant yr awyr

Roedd profiad peilotiaid yn yr awyr yn ymddangos yn rhamantaidd, o'i gymharu ag uffern fwdlyd y ffosydd.

Peilot enwocaf y Rhyfel oedd yr Almaenwr Barwn Manfred von Richthofen (llun isod gyda Moritz ei gi). Hwn oedd 'Y Barwn Coch' a saethodd dros 80 o awyrennau i lawr. Roedd ganddo 'Syrcas Hedfan' o'r peilotiaid gorau a'u hawyrennau'n goch, glas a melyn llachar.

Menywod yn y Rhyfel

Cafodd y Rhyfel effaith fawr ar fywydau pobl, a'r gymdeithas lle roedden nhw'n byw. I Ewropeaid, yn enwedig, roedd y byd cyn ac ar ôl y Rhyfel yn wahanol iawn.

Cyn 1914, roedd llawer o fenywod yn Ewrop ac UDA wedi dechrau mynnu bod yn gydradd â dynion, er enghraifft yr hawl i bleidleisio a chyfleoedd gwaith. Pan aeth y dynion i ffwrdd i ymladd, cymerodd menywod eu swyddi. Roedd yn gyfle i ddangos bod menywod yn gallu dosbarthu glo, gyrru bws, neu weithio mewn swyddfa, lawn cystal â dynion.

Roedd gan lawer o fenywod rôl fwy amlwg yn y Rhyfel, fel gweithwyr mewn ffatrïoedd arfau, neu'n ymuno â'r lluoedd arfog fel 'cynorthwywyr': cogyddion, clercod, peirianwyr neu negeswyr. Cymerodd eraill y gwaith anodd o nyrsio milwyr oedd wedi'u hanafu, yn agos i faes y gad a gartref.

Dwy enwog a gafodd eu lladd

Roedd Edith Cavell, nyrs o Brydain, yn gweithio yn un o ysbytai'r Groes Goch yng Ngwlad Belg a gipiwyd gan yr Almaenwyr. Wrth nyrsio milwyr wedi'u hanafu, helpodd lawer o filwyr y Cynghreiriaid i ddianc.

Ar ôl i'r Almaenwyr ddod i wybod, cafodd hi ei saethu. Ar ôl iddi farw, cafodd cofebion eu codi iddi mewn llawer o wledydd y Cynghreiriaid. Cafodd strydoedd, ysbytai a pharciau eu henwi ar ei hôl.

Dawnswraig hardd o'r Iseldiroedd oedd Margaretha Zelle. Mata Hari oedd ei henw llwyfan. Cyn ac yn ystod y Rhyfel, bu'n cymysgu â dynion pwerus ar y ddwy ochr.

Cafodd Mata Hari ei pherswadio i ysbïo dros Ffrainc a'r Almaen. Ond yn 1917 rhoddodd y Ffrancwyr hi ar brawf a'i saethu am ysbïo.

THESE WOMEN ARE DOING THEIR BIT

LEARN TO MAKE MUNITIONS

Wrth i'w gŵr fynd i ryfel dros Brydain, mae'r wraig hon yn gwisgo oferôl i weithio mewn ffatri a fydd yn gwneud arfau iddo.

Gallai ffatrïoedd arfau fod yn beryglus, ond roedd llawer o fenywod yn mwynhau'r cyfle i ennill incwm yn gwneud gwaith roedd dynion yn arfer ei wneud.

Menywod oedd wedi gwirfoddoli i ymladd yn hyfforddi yn St. Petersburg, Rwsia.

Menywod yn y llinell flaen

Aeth rhai menywod i ymladd hyd yn oed, rhywbeth arswydus i bobl ar y pryd. Yn Serbia, bu farw tua un o bob pedwar o'r boblogaeth yn ystod y Rhyfel, a lladdwyd bron i ddau o bob tri o'r dynion a fu'n ymladd. Felly ymunodd menywod â'r unedau ymladd fel bod digon o filwyr.

Yn Rwsia, ffodd llawer o ddynion o'r fyddin yn ystod Chwyldro Rwsia yn 1917. Gan fod y llywodraeth yn brin o filwyr, cafodd menywod wirfoddoli i ymuno â'r unedau ar y llinell flaen. Y gobaith oedd y byddai hyn yn codi cywilydd ar y dynion ac y bydden nhw'n ymladd.

Ond weithiodd hyn ddim, er bod y menywod wedi ymladd yn ddewr. Pan ddaeth y Rhyfel i ben, ymladdodd rhai menywod yn y rhyfel cartref ar ôl y Chwyldro.

Byddin tir y menywod

Poster o America yn 1918 yn dangos menyw ifanc mewn oferôls denim yn gweithio mewn cae. Mae'n annog menywod i ddod i weithio ar y tir, fel bod dynion yn gallu ymladd yn y Rhyfel.

Get behind
the Girl he left behind him

Join the
land army

Brusilov

Roedd Alexei Brusilov yn cael ei ystyried yn un o gadfridogion gorau'r Rhyfel, ac roedd yn 62 oed adeg ei ymgyrch fwyaf. Roedd yn ddigon hen i fod â thaid oedd wedi ymladd yn erbyn Napoleon yn 1812.

Daeth yn gadbennaeth byddin Rwsia yn 1917, ond collodd ei awdurdod yn ystod Chwydro Rwsia, pan ochrodd gyda'r Bolsieficiaid (gweler tudalen 62).

Cyrch Brusilov

Gan fod Ffrainc a'r Almaen yn ymladd yn Verdun, lansiodd Alexei Brusilov, cadfridog o Rwsia, ymosodiad mawr yn erbyn Awstria-Hwngari ar Ffrynt y Dwyrain. Mae'n debyg mai Cyrch Brusilov, fel y cafodd ei alw, oedd cyrch mwyaf llwyddiannus Rwsia yn y Rhyfel i gyd. Y bwriad hefyd oedd helpu'r Eidal, oedd wedi ymuno â'r Cynghreiriaid ac yn cael trafferth i amddiffyn yn erbyn ymosodiad gan Awstria-Hwngari.

Tactegau sioc

Dychymyg Brusilov oedd yn gyfrifol am lawer o'r llwyddiant. Datblygodd ddull newydd radical o ryfela – tactegau sioc – oedd yn annisgwyl i'r gelyn. Ym mis Mehefin 1916, ymosododd ar Awstria-Hwngari yn eu man gwannaf. Palodd ei filwyr dwneli allan at linellau'r gelyn a defnyddio milwyr sioc i ymosod yn sydyn. Ildiodd adrannau cyfan – Slafiaid yn bennaf, nad oedd eisiau bod yn rhan o ymerodraeth Awstria-Hwngari – i'r Rwsiaid heb saethu bwled.

Mae'r map hwn yn dangos y diriogaeth y bu lluoedd Rwsia ac Awstria-Hwngari yn ymladd drosti yn ystod *Cyrch Brusilov*.

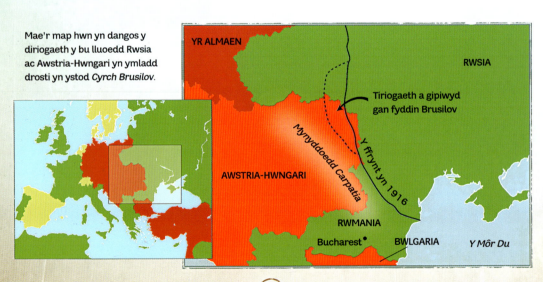

YR ALMAEN

RWSIA

Tiriogaeth a gipiwyd gan fyddin Brusilov

Mynyddoedd Carpatia

Y Ffrynt yn 1916

AWSTRIA-HWNGARI

RWMANIA

Bucharest

BWLGARIA

Y Môr Du

Uned sgio o gatrawd o wŷr traed Awstria-Hwngari yn y Carpartau yn paratoi i wynebu milwyr Rwsia Brusilov.

Erbyn canol mis Medi roedd dynion Brusilov wedi cyrraedd Mynyddoedd Carpatia ac wedi cymryd darn 100km (60 milltir) o led o diriogaeth Awstria-Hwngari (gweler y map). Hefyd ymosododd Brusilov ar yr Almaenwyr yn y gogledd, ond roedden nhw'n ddigon cryf i wrthsefyll felly methodd yr ymosodiad.

Rhyfel byr Rwmania

Ymunodd Rwmania â'r Cynghreiriaid ar ôl clywed am lwyddiant Brusilov yn y de. Ond ymosodwyd yn syth ar y wlad gan luoedd Awstria-Hwngari, Bulgaria a'r Almaen. Daeth Cyrch Brusilov i ben wrth i'w filwyr fynd i Rwmania i helpu. Erbyn diwedd 1916, roedd y Pwerau Canolog wedi cipio Bucharest, prifddinas Rwmania. Roedd Brusilov wedi llwyddo i chwalu grym milwrol Awstria-Hwngari, ond roedd y tir wedi'i golli ac roedd ei fyddin wedi blino ac yn gwrthryfela. Cyn pen blwyddyn, byddai Rwsia'n tynnu allan o'r rhyfel, o ganlyniad i'r Chwyldro.

Rwmania

Roedd Brenin Carol o Rwmania'n perthyn i'r Kaiser ac yn cefnogi'r Pwerau Canolog, ond roedd y bobl yn casáu Awstria-Hwngari. Yn y pen draw, gwnaeth y wlad beth call i ochri gyda'r Cynghreiriaid, gan iddyn nhw ennill llawer o dir Awstria-Hwngari pan ddaeth y Rhyfel i ben.

RUMANIA'S DAY

THE TWO FORCES

KAISER: "So you, too, are against me! Remember, Hindenburg fights on my side"

KING OF ROUMANIA: "Yes, but freedom and justice fight on mine"

Reproduced by special permission of the Proprietors of "PUNCH."

Brwydr Jutland

Yn 1916, roedd gan Brydain a'r Almaen y ddwy lynges fwyaf pwerus yn y byd. Ar ôl dwy flynedd o gyrchoedd bach ym Môr y Gogledd, daeth y ddwy lynges benben o'r diwedd ger arfordir Jutland, yn Nenmarc. Ond ar ôl y frwydr fwyaf i longau dur a welwyd erioed, hawliodd y ddwy ochr fuddugoliaeth.

Yr arweinwyr oedd John Jellico a Reinhard Sheer a chredai pobl y gallai'r naill neu'r llall 'golli'r Rhyfel mewn prynhawn'. Byddai'r enillydd yn gallu torri holl fasnach y gelyn ar y môr. Er enghraifft, petai llynges yr Almaen yn rheoli'r môr ger arfordir Lloegr, byddai cludo dynion a nwyddau i Ffrainc yn beryglus iawn, a byddai bron yn amhosibl dod â bwyd i Brydain.

Er gwaethaf y peryglon, penderfynodd Sheer hwylio Llynges yr Almaen o'i chanolfan yn Wilhelmshaven yng Ngogledd yr Almaen, a mynd am y gelyn. Ei fwriad oedd denu Llynges Prydain o arfordir dwyrain yr Alban – a'i dinistrio.

Darlun gan artist o un o frwydrau mwyaf y Rhyfel ar y môr, wrth i longau rhyfel Prydain a'r Almaen ddod benben yn Jutland.

Rhaid gweithredu

Clywodd y Prydeinwyr negeseuon radio'r Almaen oedd yn dweud eu bod nhw ar y ffordd. Ar 31 Mai, aeth sgwadron o dan y Llyngesydd David Beatty allan i'w rhwystro. Dechreuodd ymladd â llynges yr Almaen a buan y collodd ddau o'i longau. Felly trodd yn ôl, er mwyn denu llynges yr Almaen i'r Gogledd, lle roedd llawer mwy o longau llynges Prydain.

Ymladdodd y ddwy lynges ym Mrwydr Jutland. Er bod gynnau'r Almaen yn well, penderfynodd Sheer fod llawer gormod o longau gan Brydain, a thynnodd ei lynges yn ôl yng nghanol y mwg.

Enillwyr a chollwyr

Brwydr fer a sydyn oedd hi. Roedd yr Almaenwyr wedi suddo mwy o longau Prydain a lladd mwy o forwyr Prydain. Ond roedd Jellicoe wedi anfon llynges yr Almaen yn ôl i'r porthladd, lle'r arhosodd am weddill y Rhyfel. Cadwodd Prydain reolaeth dros Fôr y Gogledd a'r Sianel a oedd mor bwysig.

John Cornwell

Negesydd oedd John 'Jack' Cornwell a redodd i ffwrdd i'r môr yn 15 oed. Yn 1916, cafodd anaf angheuol ym Mrwydr Jutland. Enillodd Groes Victoria, gwobr uchaf Prydain am ddewrder, am aros wrth ddryll ar HMS Chester pan gafodd pawb o'i gwmpas eu lladd.

Ar ôl marw o'i glwyfau, daeth yn enwog drwy Gymanwlad Prydain. Cafodd strydoedd, tafarnau, wardiau ysbytai, canolfannau Scowtiaid y Môr yn Awstralia, mynydd yng Nghanada, a hyd yn oed medal y Sgwotiaid, eu henwi ar ei ôl.

Brwydr y Somme

Mae 1 Gorffennaf 1916, diwrnod cyntaf Brwydr y Somme, wedi dod yn ddrwgenwog yn hanes milwrol Prydain. Roedd yr Arglwydd Haig, y cadlywydd a gynlluniodd y frwydr, mor siŵr fod Duw ar ei ochr, dywedodd, "Teimlaf fod pob cam o'r cynllun wedi'i gymryd gyda chymorth Dwyfol."

Hwn fyddai'r tro cyntaf i gannoedd o filoedd o ddynion ymladd ar ôl gwirfoddoli ar ddechrau'r Rhyfel. Fel Verdun, dechreuodd y frwydr gydag ymosodiad saethu enfawr. Dywedwyd wrth filwyr Prydain y byddai'r bombardio'n para am wythnos, gan ddefnyddio 1,500,000 o sieliau, ac yn dinistrio llinell flaen yr Almaen. Roedden nhw'n credu y byddai'r milwyr oedd ar ôl yn methu ymladd, ond roedd yr Almaenwyr wedi paratoi'r amddiffynfeydd yn dda. Llwyddodd y rhan fwyaf i ddianc, wedi cael ofn ond heb anaf, a chysgodi mewn tyllau ymochel 10m (30 tr) o dan y ddaear. Cafodd y weiren bigog o flaen eu ffosydd ei chwythu i'r awyr gan y sieliau, ond cwympodd yn ôl, heb dorri.

Pan stopiodd y gynnau mawr am 7:30 y bore hwnnw, dringodd yr Almaenwyr 'nôl i fyny a gosod eu drylliau'n barod. Lladdwyd llawer iawn o filwyr Prydain wrth symud ymlaen. Ar y bore cyntaf hwnnw, lladdwyd 20,000 o ddynion ac anafwyd 40,000. Bu farw'r rhan fwyaf yn ystod yr awr gyntaf.

Methodd milwyr Prydain dorri trwodd ar hyd ffrynt 40km (25 milltir) o hyd. Ond aeth y frwydr yn ei blaen tan fis Tachwedd, pan ddaeth rhew ac eira. Erbyn hynny, roedd Brwydr y Somme wedi hawlio dros filiwn o fywydau.

Tactegau gwael

Roedd llawer o filwyr Prydain yn ymladd gan gario 32kg (70 pwys) o offer ac roedd yn rhaid iddyn nhw symud ymlaen mewn colofnau taclus. Credai Haig nad oedd gan ei ddynion ddigon o brofiad i wneud unrhyw beth arall.

Milwyr Prydain neu'r Gymanwlad yn cerdded drwy dirlun wedi'i ddinistrio gan ryfel, ym mis Tachwedd 1916. Dyma sut roedd Dyffryn Ancre ar afon Somme yn edrych ar ôl pedwar mis o ymladd.

Milwyr yr Eidal yn symud ar draws to'r Alpau. Roedd y brwydro yn y mynyddoedd yn waedlyd ond does fawr o sôn am hyn heddiw.

Y Rhyfel yn Affrica

Ar ddechrau'r rhyfel, Prydain a Ffrainc oedd yn rheoli llawer o Affrica. Ychydig o diriogaethau oedd gan yr Almaen yno, ond roedden nhw'n elynion cas. Cafodd Dwyrain Affrica (Tanzania nawr) ei dorri i ffwrdd o nwyddau ac ati, ond roedd y Cyrnol von Lettow-Vorbeck (isod) yn rheoli llu bach o'r Almaen a ymladdodd yn erbyn y Prydeinwyr gydol y Rhyfel.

Rhyfel dros y byd

Er i'r rhan fwyaf o'r ymladd ddigwydd ar Ffryntiau'r Gorllewin a'r Dwyrain a Gallipoli, creithiodd y Rhyfel rannau eraill o'r byd hefyd.

Ymladd yn y mynyddoedd

Roedd yr Eidalwyr yn rhan o gynghrair yr Almaen ac Awstria-Hwngari, ond doedden nhw ddim yn ffyddlon iawn. Ar ôl gwrthod ymuno â'r Rhyfel i ddechrau, cymeron nhw ochr y Cynghreiriaid ym mis Ebrill 1915, gan obeithio ennill tir yn y gogledd gan Awstria-Hwngari.

Ond roedd yr Alpau uchel yn un o'r mannau mwyaf anodd i ymladd yn y Rhyfel i gyd. Roedd y milwyr yn dioddef o salwch uchder ac ewinrhew, wrth ymladd ar greigiau a rhewlifau. Lladdodd cwympfeydd eira ddegau o filoedd. At ei gilydd, bu farw 650,000 milwr yn y rhan hon o'r Rhyfel sydd prin yn cael ei chofio.

Rhyfel yn yr anialwch

Un o ardaloedd pwysicaf y Rhyfel oedd y Dwyrain Canol – roedd yn bwysig, fel mae heddiw, oherwydd yr olew oedd yn hanfodol i'r gwledydd oedd yn rhyfela.

Yn 1914, ymerodraeth Otomanaidd Twrci oedd yn rheoli'r ardal yn bennaf. Felly ceisiodd y Prydeinwyr gael help Arabiaid nad oedden nhw'n cefnogi'r ymerodraeth. Llwyddodd T.E. Lawrence, swyddog carismataidd ym myddin Prydain i berswadio arweinwyr llwythau Arabaidd pwysig i gefnogi Prydain. Roedd yn siarad Arabeg ac yn deall hanes yr ardal. Helpodd i arwain llu o herwfilwyr i rwystro cyflenwadau a dulliau chyfathrebu Twrci.

Helpodd ymladdwyr Lawrence y Prydeinwyr i gipio tir a chyflenwadau olew pwysig. Enillodd Byddin Ymgyrchol Eifftaidd Prydain o dan y Cadfridog Edmund Allenby fuddugoliaethau pwysig, gan gipio Jeriwsalem ym mis Rhagfyr 1917, a Megiddo ym mis Medi 1918 – ac oherwydd hyn gofynnodd y Twrciaid am heddwch ym mis Hydref 1918.

Cafodd 'Lawrence o Arabia' ei eni yn Nhremadog, Gwynedd. Roedd pobl Prydain yn meddwl ei fod yn ffigwr rhamantaidd iawn, yn bennaf oherwydd y dillad a'r benwisg Arabaidd a wisgai i'w helpu i ymdopi â gwres yr anialwch.

Rhyfel yn y Dwyrain Pell

Ymunodd Japan â'r Rhyfel i ymladd â'r Cynghreiriaid. Ym mis Medi 1914, ymosododd 50,000 milwr Japan, gyda rhai milwyr Eingl-Indiaidd, ar ganolfan llynges yr Almaen yn Tsingtao ar arfordir China. Amddiffynnodd yr Almaen eu canolfan gyda 3,000 o fôr-filwyr, gan ddal eu gafael am ddau fis cyn ildio.

Brwydr Tsingtao wedi'i pheintio gan arlunydd rhyfel Japan mewn arddull draddodiadol.

Daeth y ffotograff hwn gan Frank Hurley yn un o ffotograffau enwocaf y Rhyfel. Mae'n dangos tirlun corsog a drylliedig maes y gad ger Passchendaele.

1917: Craciau a thrychinebau

Ar ôl tair blynedd, roedd y gelynion yn dal i ymladd, ond roedd craciau'n dechrau dod i'r golwg. Daeth Hindenburg a Ludendorff yn gadlywyddion ar yr Almaen a daeth y wlad yn unbennaeth filitaraidd. Yn y Dwyrain, gwrthododd byddinoedd blinedig y Tsar barhau i ymladd ac ildiodd Rwsia. Yn y Gorllewin, gwrthryfelodd hanner byddin Ffrainc. Roedd UDA wedi penderfynu ymuno â'r Cynghreiriaid ond ras yn erbyn amser oedd hi nawr. Un ffrynt yn unig oedd gan yr Almaenwyr i ymladd arno, felly gallen nhw ddefnyddio eu grym milwrol i gyd. Ond a fydden nhw'n llwyddo cyn i'r Americanwyr gyrraedd?

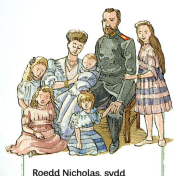

Roedd Nicholas, sydd yma gyda'i deulu, yn ddyn digon diddorol. Roedd yn siarad tair iaith dramor. Saesneg roedd yn ei siarad ag Alexandra, ei wraig, oedd yn wyres i'r Frenhines Victoria. Llofruddiwyd pob aelod o'r teulu yn 1918.

Yn ôl propaganda'r Sofietiaid, roedd yr ymosodiad ar Balas y Gaeaf yn epig arwrol. Roedd peintiadau fel hyn yn helpu i gynnal y myth.

Chwyldro Rwsia

Rwsia oedd y wlad fwyaf ar ochr y Cynghreiriaid, ond hi oedd y wannaf hefyd. Yn wleidyddol ac yn ddiwydiannol roedd ymhell y tu ôl i Brydain, Ffrainc, yr Almaen ac UDA. Roedd Tsar Nicholas II yn meddwl bod Duw wedi rhoi'r hawl iddo reoli'r ymerodraeth fawr, ond doedd e ddim yn arweinydd addas.

Yn 1905, cyn y Rhyfel, roedd pobl Rwsia wedi gwrthryfela yn erbyn Nicholas. Ar ôl tair blynedd yn y Rhyfel Mawr, roedd ei bobl yn flinedig ac yn llwglyd. Ym mis Mawrth 1917, ymunodd milwyr oedd gartref yn St Petersburg â'r rhai oedd yn protestio yn erbyn y Rhyfel. Ildiodd Nicholas y goron a chafodd llywodraeth newydd ei sefydlu o dan Alexander Kerensky. Roedd llywodraeth Kerensky yn benderfynol o barhau â'r Rhyfel – camgymeriad mawr. Wedi ymosodiad gan y Cadfridog Brusilov yn yr haf, bu'n rhaid i Rwsia gilio.

ДА ЗДРАВСТВУЕТ СОЦИАЛИСТИЧЕСКАЯ РЕВОЛЮЦИЯ !

Mae'r poster Sofietaidd hwn o gyfnod y Chwyldro yn cyhoeddi, "Hir Oes i'r Chwyldro Sosialaidd!" ac yn dangos Lenin yn gwneud araith ddramatig.

Rheolwyr newydd

Wrth i fyddinoedd Rwsia chwalu, roedd plaid wleidyddol arall yn disgwyl ei thro. Roedd y Bolsieficiaid, gyda'u harweinydd Vladimir Ilyich Ulyanov, neu Lenin, yn addo 'Heddwch, Bara a Thir' a chymdeithas hollol newydd. Eu nod oedd rhoi diwedd ar y Rhyfel, cipio tir fferm oddi wrth y boneddigion a'i roi i'r gwerinwyr, a gadael i weithwyr diwydiannol reoli'r ffatrïoedd. Galwyd y system newydd hon o lywodraethu yn 'comiwnyddiaeth'. Roedd wedi'i seilio ar syniadau Karl Marx a Friedrich Engels.

Ym mis Hydref 1917, gyda'r wlad bron mewn anhrefn, meddiannodd y Bolsieficiaid Balas y Gaeaf, cartref llywodraeth Kerensky, a chyhoeddi mai nhw oedd yn rheoli Rwsia. Prin y saethwyd un bwled a dim ond chwe milwr y Bolsieficiaid a laddwyd. Llofruddiwyd Nicholas a'i deulu yn 1918, a dechreuodd rhyfel cartref gwaedlyd yn Rwsia. Erbyn 1922, y Bolsieficiaid oedd yn rheoli'r wlad a rhoi'r enw yr Undeb Sofietaidd (ar ôl *soviet*, y gair am gyngor) ar Rwsia a'i hymerodraeth.

Heddwch trychinebus Rwsia

Ym mis Mawrth 1918, tynnodd arweinwyr y Bolsieficiaid allan o'r Rhyfel a chymodi â'r Almaenwyr yn Brest-Litovsk (yn y llun).

Fe gollon nhw lawer o'u hymerodraeth yn y gorllewin – lle roedd traean eu poblogaeth, hanner eu diwydiant a'r rhan fwyaf o'u glo. Ond roedden nhw'n credu y byddai mwy o chwyldro comiwnyddol yn digwydd yn Ewrop ac y byddai'r gwledydd newydd yn rhoi'r tir a'r adnoddau yn ôl iddyn nhw.

Gwrthryfel y Pasg

Adeg y Pasg, 1916, digwyddodd gwrthryfel yn Nulyn yn erbyn rheolaeth Prydain yn Iwerddon. Gwirfoddolwyr Gwyddelig drefnodd hyn – roedden nhw eisiau Iwerddon rydd. Cafodd y gwrthryfel ei sathru a saethwyd yr arweinwyr. Ychydig o bobl Iwerddon oedd yn cefnogi'r gwrthryfel, ond aeth pobl yn wyllt gacwn ar ôl y saethu. Anogodd hyn dde'r wlad i ddechrau rhyfel llwyddiannus i gael annibyniaeth ar ôl i'r Rhyfel Mawr orffen.

Gwrthryfelwyr Gwyddelig yn cael eu llun wedi'i dynnu yn ystod Gwrthryfel y Pasg, 1916. Eu slogan oedd, 'Neither King nor Kaiser but Ireland' – cyhoeddiad di-flewyn-ar-dafod i ateb cyhuddiadau eu bod yn bradychu eu gwlad.

Miwtini a gwrthryfel

I'r Ffrancwyr, roedd Verdun wedi bod yn rhyw fath o fuddugoliaeth. Doedd y ddinas ddim wedi syrthio, ond roedd y frwydr wedi torri ysbryd y fyddin. Lansiodd Robert Nivelle, y cadlywydd, ymosodiad arall ym mis Ebrill 1917, yn Chemin des Dames. Honnodd y byddai'n gorffen y Rhyfel mewn 48 awr. Ond cafodd 180,000 eu lladd. Dyna'r hoelen olaf.

Y mis hwnnw, dangosodd milwyr Ffrainc nad oeddent yn parchu eu harweinwyr drwy orymdeithio i'r gad gan frefu fel ŵyn yn mynd i'r lladdfa. Ym mis Mai, gwrthododd adrannau cyfan ymladd. Bygythiodd rhai orymdeithio ar Baris hyd yn oed a disodli rheolwyr Ffrainc. Erbyn mis Mehefin roedd 54 adran – hanner byddin Ffrainc – yn gwrthryfela'n agored. Nawr doedd dim milwyr dibynadwy rhwng y llinell flaen a Pharis.

Milwyr Ffrainc wedi blino'n lân ac wedi
cael llond bol, tua adeg y miwtini

Gallai miwtini milwyr Ffrainc fod wedi rhoi'r
fuddugoliaeth i'r Almaen. Ond doedd yr
Almaenwyr ddim yn gwybod amdano. Gwnaeth
llywodraeth Ffrainc ei gorau glas i gadw'r peth yn
dawel ac i gael trefn y tu ôl i'r llinellau. Cafodd
Nivelle ei ddisodli ym mis Mai 1917 gan Philippe
Pétain, arwr Verdun. Cosbwyd y gwrthryfelwyr a
lladdwyd yr arweinwyr. Anfonwyd eraill i garchardai
ofnadwy yn nhrefedigaeth Giana Ffrainc yn lle
cael eu saethu. Hefyd, gwrthryfelodd adran o
filwyr Rwsia, a anfonwyd i Ffrainc fel arwydd o
gyfeillgarwch. Saethwyd nhw hefyd.

Ond ceisiodd Pétain blesio'r milwyr drwy roi mwy
o seibiant a bwyd gwell iddyn nhw. Addawodd na
fyddai rhagor o ymosodiadau mawr cyn i niferoedd
mawr o filwyr UDA a'r tanciau newydd gyrraedd.

Gartref yn cael seibiant

Poster, tua diwedd y
Rhyfel, yn dangos sut
y bu arweinwyr byddin
Ffrainc yn ddigon call
i roi seibiant i ddynion
blinedig. Ar ôl y
gwrthryfel cafodd y *poilu*
(milwr cyffredin) fwy o
amser i ffwrdd o'r ffrynt.

Woodrow Wilson

Doedd llawer o bobl America
ddim eisiau dim i'w wneud
â'r Rhyfel: enillodd Arlywydd
UDA Woodrow Wilson
ymgyrch etholiad 1916
gyda'r slogan, "Cadwodd ni
allan o'r Rhyfel!"

UDA yn dod i'r Rhyfel

Ar draws yr Iwerydd, gwyliodd pobl UDA y Rhyfel
gyda siom. Roedd nifer o fewnfudwyr diweddar o
Ewrop a oedd â chysylltiad â'r Almaen yn teimlo'n
gymysglyd. Teimlai rhai eraill iddyn nhw gael
dihangfa lwcus. Ond yn 1917 ymunodd UDA â'r
Cynghreiriaid yn erbyn y Pwerau Canolog.

Telegram Zimmerman

Dechreuodd 1917 yn wael i'r Almaen. Gan ofni
y byddai UDA yn ochri gyda Phrydain, addawodd
Arthur Zimmerman, yr ysgrifennydd tramor, helpu
Mexico i adennill ei hen diriogaeth, sef Texas,
New Mexico ac Arizona tasen nhw'n ymuno
â'r Pwerau Canolog. Cafodd Prydain afael ar
delegram Zimmerman, datrys y cod, a'i ddangos i'r
Americanwyr. Aeth yr Americanwyr yn gynddeiriog,
yn enwedig gan fod perthynas UDA a Mexico yn
aml yn anodd.

Cynhyrchodd llywodraeth
UDA bosteri fel y rhain i geisio
cael pobl i gefnogi'r Rhyfel.

Mentro gyda'r llongau tanfor

Ym mis Chwefror, gwnaeth Ludendorff, cadlywydd yr Almaen, rywbeth mentrus. Cyn hyn, dim ond ar longau'r Cynghreiriaid roedd llongau tanfor yr Almaen yn cael ymosod. Nawr fe gawson nhw'r hawl ganddo i ymosod ar unrhyw long oedd yn hwylio i borthladdoedd y Cynghreiriaid. Felly daeth llongau cargo a theithwyr UDA yn dargedau hefyd. Gwyddai'r Almaenwyr y gallai hyn wneud i UDA ymuno â'r Rhyfel. Ond roedden nhw'n ceisio gwneud i Brydain ildio oherwydd newyn cyn i filwyr UDA ddod i Ewrop.

Bu bron iddyn nhw lwyddo. Rhwng misoedd Chwefror ac Ebrill, suddwyd dros fil o longau masnach. Cyn pen mis, byddai Prydain heb nwyddau hanfodol. Ond, oherwydd y confois, allai'r U-boats ddim suddo digon o longau i wneud gwahaniaeth.

Yn ôl y disgwyl, cyhoeddodd yr Arlywydd Wilson ryfel ar yr Almaen ar 6 Ebrill 1917 er mwyn 'gwneud y byd yn saff ar gyfer democratiaeth' a gwarchod llwybrau'r môr i fasnach.

Milwyr America wrth i'w llong baratoi i adael Efrog Newydd. Roedd llawer ohonyn nhw heb fod oddi cartref o'r blaen. Maen nhw'n esgus bod yn llawn cyffro a brwdfrydedd ar gyfer y papurau newydd.

Grym UDA

Daeth Unol Daleithiau America i'r Rhyfel gyda byddin o 100,000 dyn a 35 peilot yn ei hawyrlu. Aethon nhw'n syth ati yn frwd iawn i ddenu llawer rhagor o ddynion i'r lluoedd arfog.

TOGETHER WE WIN
UNITED STATES SHIPPING BOARD —— EMERGENCY FLEET CORPORATION

Erbyn i'r Rhyfel orffen flwyddyn a hanner wedyn, roedd 3.5 miliwn o filwyr UDA yn Ewrop, ac roedd gan Wasanaeth Awyr Byddin UDA 45 sgwadron ar Ffrynt y Gorllewin.

Tanciau

Tanciau oedd un o arfau pwysicaf yr 20fed ganrif, ond doedden nhw erioed wedi cael eu defnyddio cyn y Rhyfel Byd Cyntaf. Roedd syniad gan gynllunwyr milwrol am gael 'llong ymladd ar y tir' neu 'gaer symudol' ers canrifoedd. Ond gyda'r rhyfela mewn ffosydd, cafodd y syniad ei wireddu.

Pam 'tanciau'?

Enw i guddio eu gwir bwrpas oedd 'tanc'. Roedden nhw eisiau i'r Almaenwyr feddwl mai tanciau dŵr symudol oedd yr angenfilod mecanyddol hyn ac nid arfau pwerus.

Y tanciau ymladd cyntaf

Prydain a ddatblygodd y tanciau cynharaf. Defnyddiwyd nhw am y tro cyntaf yn Flers, adeg Brwydr y Somme ym mis Medi 1916. Roedden nhw'n araf ac yn annibynadwy ac yn edrych yn drwsgl i ni heddiw. O 49 tanc, torrodd dros 30 i lawr neu fynd yn sownd ar eu taith cyn cyrraedd y frwydr.

Sgwadron o danciau Prydain yn symud ar draws tir agored, tua diwedd y Rhyfel.

Ond roedden nhw'n gallu bod yn hynod effeithiol ar faes y gad. Achosodd y nifer bach a gyrhaeddodd ffosydd yr Almaen anhrefn llwyr. Roedd sŵn yr angenfilod metel hyn, yn poeri tân o ynnau peiriant a magnelau, yn dychryn milwyr yr Almaen. Roedd y traciau treigl yn gwasgu'r weiren bigog a doedd bwledi gynnau peiriant, oedd wedi lladd cymaint o filwyr, ddim yn gallu mynd drwy'r metel.

Cafodd tanciau Prydain eu defnyddio eto yn Cambrai ym mis Tachwedd 1917. Mewn un diwrnod, symudodd 476 tanc ymlaen 12km (7.5 milltir) i dir y gelyn. Yn nhrydedd frwydr Ypres, rhwng misoedd Gorffennaf a Thachwedd, roedd bron i 250,000 o filwyr y Cynghreiriaid wedi marw wrth ennill tir tebyg.

Ym mol y bwystfil

Roedd y tanciau cyntaf yn anodd eu trin. Y tu mewn doedd y dynion ddim yn clywed dim oherwydd sŵn yr injan a'r gynnau. Roedd rhaid i gadlywydd y tanc daro ffrâm fetel yr injan â darn arall o fetel i roi neges i'r criw.

Roedd y tanc yn boeth a chlòs hefyd. Gwisgai'r criwiau fisyrnau i warchod eu llygaid rhag darnau o fetel tawdd oedd yn hedfan o gwmpas pan fyddai sieliau a bwledi'n taro'r tu allan.

Roedd y strwythurau pren ar flaen y tanciau yn eu helpu i groesi ffosydd y gelyn neu rwystrau eraill oedd wedi'u palu i mewn i'r tir.

'*The Menin Road*', darlun Paul Nash, yn dangos dinistr 3edd Frwydr Ypres.

Cynllun trychinebus Haig

Dechreuodd 1917 yn dda i filwyr Prydain a'r Gymanwlad ar Ffrynt y Gorllewin. Llwyddon nhw i ryw raddau yn Arras, Esgair Vimy a Messines. Roedd Douglas Haig, y Cadbennaeth, yn gobeithio bod hyn yn arwydd fod yr Almaenwyr wedi blino'n lân. Aeth yn fwy uchelgeisiol, gan feddwl am gynllun i ddinistrio byddin yr Almaen.

Yn ardal Fflandrys, lle roedd ymladd trwm wedi bod yn barod, roedd gan Brydain a'r Almaen rwydweithiau cyfathrebu dwys yn agos i'r llinellau blaen. Roedd Haig yn meddwl y gallen nhw greu anrhefn i'r Almaenwyr petaen nhw'n torri trwodd am 10 neu 20km yn unig (7 neu 14 milltir).

Unwaith eto, roedd yn cynllunio brwydr a allai ennill y Rhyfel. Petaen nhw'n ennill y frwydr, byddai'n gallu dinistrio canolfannau llongau tanfor yr Almaen ar arfordir Gwlad Belg.

"Doedd dim arwydd o fywyd o unrhyw fath. Dim un goeden, heblaw am ambell foncyff oedd yn edrych yn rhyfedd yng ngolau'r lleuad. Dim aderyn, dim hyd yn oed llygoden neu lafn o wair. Roedd byd natur mor farw â milwyr Canada, a'u cyrff yn dal yno ers yr hydref blaenorol. Roedd marwolaeth yn amlwg ym mhobman."

Disgrifiad Preifat R. A. Colwell o dirlun Passchendaele, ddau fis ar ôl y frwydr.

3edd Frwydr Ypres

Roedd arweinwyr Prydain yn galw'r cyrch a ddechreuodd ar 31 Gorffennaf yn 3edd Frwydr Ypres, ond daeth i gael ei galw'n Frwydr Passchendaele ar ôl y pentref oedd agosaf at yr ymladd. Arhosodd y milwyr traed ddeng niwrnod tra oedd gynnau mawr Prydain yn bombardio safleoedd yr Almaenwyr. Ond yn lle dinistrio'r gelyn, cafodd y gwastadedd corslyd ei droi'n fôr o fwd. Cafodd systemau draenio eu dinistrio, a daeth y glaw gwaethaf yn yr haf ers 30 mlynedd.

Môr o fwd

Wrth i'r Cynghreiriaid ymosod, diflannodd degau o filoedd i mewn i'r mwd. Doedd yr Uwch Swyddogion ddim yn sylweddoli sut roedd pethau achos roedden nhw filltiroedd y tu ôl i'r llinell flaen.

Daeth y frwydr i ben ar 6 Tachwedd gyda rhai enillion. Ond lladdwyd neu anafwyd 250,000 o filwyr Prydain.

Syniad newydd Haig

Roedd y prif weinidog yn gwrthwynebu cynllun Haig. Roedd eisiau aros i filwyr UDA gyrraedd cyn ymosod eto. Ond credai Haig na fyddai llawer yn cael eu lladd oherwydd ei dactegau.

Byddai'r gynnau mawr yn tanio cyn i'r milwyr symud ymlaen, i atal y gelyn rhag saethu atyn nhw. Ond gallai tactegau fel hyn fod yn farwol i'r ymosodwyr – yn enwedig pan fyddai'r ymosodiadau'n mynd o chwith.

Cadfridogion Canada, wedi'u peintio gan Syr William Nicholson, o flaen ffotograff o adfeilion dinas Ypres. Uchafbwynt y frwydr oedd pan gipiodd milwyr Canada dref Passchendaele.

Pan ildiodd yr Almaen ar 11 Tachwedd 1918, roedd y wlad bron yn anhrefn. Dyma ffotograff o filwyr a morwyr yn Berlin ddau ddiwrnod yn gynharach. Roedden nhw'n annog sifiliaid i gymryd rhan mewn chwyldro comiwnyddol i ddod â'r Rhyfel i ben a chael gwared ar y rhai a fu'n eu llywodraethu.

1918: Cwymp

Gyda'r rhyfel yn Rwsia ar ben, dechreuodd byddin fuddugoliaethus yr Almaen symud miliwn o ddynion draw i Ffrynt y Gorllewin. Eu strategaeth oedd dinistrio byddinoedd Ffrainc a Phrydain cyn i lawer o filwyr UDA gyrraedd. Nawr, ar ôl tair blynedd o ryfela a lladdfa anhygoel, roedd gwledydd Ewrop yn gwegian. Roedd hi'n amhosibl dweud pwy fyddai'n syrthio gyntaf, ac unwaith eto galwodd y cadfridogion ar eu milwyr blinedig i ddal eu tir ac ymladd yn galed.

Stormfilwyr

Roedd stormfilwyr yn dechrau ymosod drwy fombardio'n ddwys a chywir â'u gynnau mawr.

Roedd grwpiau bach o stormfilwyr wedi'u hyfforddi'n dda yn profi llinell flaen y Cynghreiriaid drwy chwilio am fannau gwan. Ar ôl dod o hyd iddyn nhw, roedden nhw'n ymosod â thaflwyr fflamau, grenadau a gynnau peiriant.

Felly roedd milwyr y Cynghreiriaid yn methu cael cyflenwadau ac ati, ac roedd hi'n haws i filwyr cyffredin Almaenig eu cipio nhw.

Yr Almaen yn rhemp

Cyn y flwyddyn newydd roedd yr Almaen wedi cryfhau eto. Gyda Rwsia allan o'r Rhyfel, roedden nhw wedi colli un o'r ffryntiau oedd yn llyncu adnoddau. Nawr aethon nhw ati i baratoi i ddinistrio'u gelynion yn y Gorllewin.

Yn ogystal â miliwn o ddynion ychwanegol o'r Dwyrain, roedd gan arweinwyr milwrol yr Almaen dactegau newydd i dorri drwodd ar ôl tair blynedd yn y ffosydd. Byddai math newydd o filwr – stormfilwr – yn allweddol i'r fuddugolaeth (gweler ar y chwith). Wrth i'r gaeaf gilio, lansiodd byddin yr Almaen ymosodiad mawr olaf ym mis Mawrth 1918, o'r enw 'Cyrch y Gwanwyn'.

Stormfilwyr yr Almaen yn ymarfer tactegau ymosod cyn Cyrch y Gwanwyn yn 1918.

Y Cynghreiriaid yn gwegian

Ym mis Mawrth, roedd ymosodiad gan yr Almaen yn erbyn lluoedd Prydain yn St. Quentin yn llwyddiant mawr. Sylweddolodd Douglas Haig, cadlywydd Prydain, fod ei filwyr mewn perygl mawr a gofynnodd i un cadbennaeth reoli holl luoedd y Cynghreiriaid. Daeth y Cadfridog Ferdinand Foch o Ffrainc i wneud hyn.

Ym mis Ebrill, tarodd yr Almaen yn galed eto. Roedd Haig yn ofni y byddai milwyr Prydain yn cael eu trechu, felly rhoddodd orchymyn y dylai pawb ymladd i'r pen. Daliodd ei filwyr i ymladd yn benderfynol a'r tro hwn llwyddodd llinell Prydain i beidio â thorri.

Chwiliodd Ludendorff, Cadlywydd yr Almaen, am ragor o fannau gwan. Ym misoedd Mai a Mehefin, aeth ei filwyr yn nes at Baris, gan achosi anrhefn yn y ddinas. Pan gyrhaeddon nhw afon Marne, tarodd lluoedd y Cynghreiriaid yn ôl, gyda milwyr newydd o UDA yn eu helpu. Unwaith eto daeth ymosodiad yr Almaenwyr i stop.

Ffolineb Ludendorff

Roedd Ludendorff wrth ei fodd â llwyddiant ei filwyr yn y Dwyrain, a chadwodd lawer ohonyn nhw ar dir Rwsia, er mwyn cipio Crimea a Basn Don hefyd.

Tasai'r milwyr ychwanegol hyn wedi ymladd yn y Gorllewin yn ystod Cyrch y Gwanwyn, efallai y byddai'r Almaenwyr wedi torri drwodd.

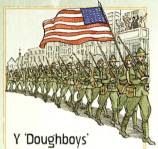

Y 'Doughboys'

Roedd milwyr Prydain a Ffrainc braidd yn amheus o filwyr UDA a ddaeth i Ewrop, sef Byddin Alldeithiol America, gan feddwl tybed a oedden nhw'n ddigon penderfynol a medrus i ymladd.

Llysenw'r milwyr amhrofiadol hyn oedd 'Doughboys' – oherwydd eu hwynebau tew, wedi'u bwydo'n dda neu eu tâl hael. Ond roedden nhw'n ymladdwyr penderfynol. Yn y cam olaf hwn o'r Rhyfel collodd byddin UDA 126,000 milwr ac anafwyd 250,000.

Torri drwodd o'r diwedd

Yng ngwanwyn 1918, wrth i fyddin yr Almaen ddod i stop, roedd cannoedd o filoedd o filwyr UDA yn cyrraedd Ffrainc. Ymladdodd y Cynghreiriaid yn ôl yn gryfach nag erioed. Nid milwyr newydd yn unig oedd ganddyn nhw, ond cannoedd o danciau hefyd. Bu'r tanciau mawr yn hynod o effeithiol yn y misoedd i ddod.

Ar ôl i Ffrainc wrthymosod yn llwyddiannus ar afon Marne, gwnaeth y Cynghreiriaid eu gorau glas i ennill y Rhyfel. Ym misoedd Mehefin a Gorffennaf, symudon nhw'n araf tua'r dwyrain. Ar 8 Awst, torrodd milwyr a thanciau Prydain ac Awstralia drwy linellau'r Almaen yn Amiens. Am y tro cyntaf yn y Rhyfel, roedd cadlywyddion yr Almaen yn wynebu colli. Galwodd Ludendorff hwn 'yn ddiwrnod du i fyddin yr Almaen'. Ar ôl hyn doedd dim gobaith i fyddin yr Almaen ennill.

Mae Will Longstaff, yr arlunydd rhyfel, yn dangos milwyr Awstralia, gyda thanciau, yn torri drwy Linell Hindenburg yr Almaenwyr. Dinistrio'r safle amddiffynnol cryf hwn oedd dechrau'r diwedd i fyddin yr Almaen.

Trafferth gartref

Er i fyddin yr Almaen dynnu'n ôl yn drefnus, roedd mwy o drafferth yn yr Almaen ei hun. Oherwydd blocâd llynges Prydain, doedd dim bwyd a nwyddau hanfodol wedi cyrraedd gydol y Rhyfel. Roedd y boblogaeth yn wan gan newyn a doedd dim defnyddiau i wneud arfau. Doedd yr Almaenwyr ddim wedi gallu datblygu tanciau fel rhai'r Cynghreiriaid, achos doedd dim digon o ddur ganddyn nhw.

Er eu bod yn gwybod nad oedd gobaith ennill, roedd arweinwyr yr Almaen yn dal i obeithio cael cytundeb heddwch a fyddai'n golygu na fydden nhw wedi cael eu trechu. Gwrthododd y Kaiser ildio hefyd. Roedd milwyr yr Almaen yn dal i farw a'r bobl yn dal i lwgu. Roedd perygl y byddai chwyldro, fel yr un yn Rwsia.

Y Cynghreiriaid yn torri drwodd

Map yn dangos lle llwyddodd y Cynghreiriaid i dorri trwodd ar ddiwedd y Rhyfel.

Môr y Gogledd

Ypres

GWLAD BELG

Cambrai

Somme

Llinell Hindenburg

Amiens

FFRAINC

Coedwig Belleau

Paris

Ail frwydr Marne

★ Brwydr

↗ Brwydrau torri drwodd

Y Rhyfel yn dod i ben

Wrth i filwyr yr Almaen dynnu'n ôl i'w ffiniau eu hunain, roedd cynghreiriaid yr Almaen yn wynebu eu trychinebau eu hunain. Roedd y Twrciaid, a oedd wedi rheoli'r rhan fwyaf o'r Dwyrain Canol ers 400 mlynedd, yn rhy wan i barhau i ymladd.

Yn Nwyrain Ewrop, ffodd milwyr Bwlgaria rhag milwyr y Cynghreiriaid ac ymosododd ar eu ffin o Salonika yng ngwlad Groeg. Roedd ymerodraeth Awstria-Hwngari yn dadfeilio. Doedd dim digon o fwyd a dechreuodd grwpiau cenedlaethol gwrthryfelgar alw am annibyniaeth.

I'r Almaen, daeth y cwymp olaf oddi mewn i'r wlad ei hun. Cafodd Llynges yr Almaen orchymyn i ymladd hyd at angau yn erbyn y Llynges Frenhinol. Gwrthododd y morwyr fynd, a bu terfysg yn y strydoedd.

Y diwrnod olaf

Clywodd milwyr y llinell flaen fod y Rhyfel wedi dod i ben yn ystod y bore. Ond daliodd y cadlywyddion i ymosod, gan obeithio ennill bri a chael mwy o fantais dros yr Almaenwyr.

Daliodd y brwydro ar y ddwy ochr tan yr eiliadau olaf. Cafodd dynion eu lladd o hyd gan sieliau oedd heb ffrwydro ac oherwydd nad oedd milwyr wedi deall bod y Rhyfel ar ben.

Milwr o lynges yr Almaen yn dal baner goch y comiwnyddion yn ystod protest yn erbyn y Rhyfel yn Berlin, ar 9 Tachwedd 1918. Gydag ef mae sifiliaid a milwyr oedd gartref o'r Ffrynt.

Roedd llawer o filwyr wedi dysgu am syniadau comiwnyddol y Rwsiaid ar Ffrynt y Dwyrain ac roedd chwyldro ar fin digwydd yn yr Almaen. Ffurfiwyd llywodraeth newydd i geisio dod â'r Rhyfel i ben.

Ond gwrthododd y Cynghreiriaid drafod tra oedd y Kaiser yn dal mewn grym, felly aeth Wilhelm II yn alltud ar drên i'r Iseldiroedd.

Y trafod yn dechrau

Teithiodd cynrychiolwyr o bleidiau gwleidyddol yr Almaen a'r lluoedd arfog i goedwig Compiègne, 100km (60 milltir) y tu ôl i linellau'r Cynghreiriaid. Cwrddon nhw Marsial Foch, Uchaf Gadlywydd Byddinoedd y Cynghreiriaid, ar drên preifat yno.

Ffotograff o gynrychiolwyr Prydain a Ffrainc y tu allan i'r cerbyd trên yn Compiègne, lle cafodd y cadoediad ei lofnodi.

Y cadoediad

Ar 11 Tachwedd 1918, am 5:10, cafodd cadoediad – cytundeb i ddod â'r ymladd i ben – ei lofnodi o'r diwedd. Byddai'n dod i rym chwe awr yn ddiweddarach, felly cytunodd y cynrychiolwyr i ddweud eu bod wedi llonfodi am 5:00. Daeth y Rhyfel i ben am 11:00, gydag ymladd mawr hyd at yr eiliadau olaf.

Doedd y Cynghreiriaid ddim yn ymddiried yn y gelyn oedd wedi'i drechu. Felly roedden nhw'n bygwth dechrau ymladd eto ymhen 48 awr petai unrhyw un o'r telerau heddwch yn cael ei dorri.

Un o'r dynion olaf i farw?

Mae un stori'n sôn am Lieutenant Tomas, swyddog Almaenig, a aeth at filwyr America ar sector Meuse-Argonne Ffrynt y Gorllewin, i ddweud fod ei ddynion yn gadael tai roedden nhw wedi'u meddiannu mewn pentref gerllaw. Er ei bod hi ar ôl 11:00, doedd y milwyr hyn o America ddim yn gwybod am y cadoediad, a saethon nhw e'n farw.

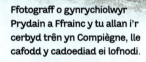

Un o wragedd gweddw'r rhyfel yn rhuthro o Balas Buckingham yn Llundain, ar ôl derbyn medal a enillodd ei gŵr a fu farw. Roedd gwragedd gweddw'n rhai o ddioddefwyr y Rhyfel a gafodd eu hanghofio. Hefyd roedd cannoedd o filoedd o fenywod ar bob ochr a fethodd briodi neu gael plant oherwydd bod prinder mawr o ddynion ifanc ar ôl y Rhyfel.

1919: Yr heddwch diffygiol

Roedd y Rhyfel wedi bod mor ofnadwy, cafodd ei ddisgrifio fel 'y rhyfel i roi diwedd ar bob rhyfel'. Ceisiodd y cytundebau heddwch sicrhau na fyddai'r gwledydd a fuodd yn rhyfela byth yn ymladd eto. Ond oherwydd penderfyniadau gwael a drwgewyllys, byddai rhyfel arall yn anochel.

Roedd llawer o bobl, gan gynnwys David Lloyd George, prif weinidog Prydain, yn gwybod hyn ar y pryd. "Bydd rhaid inni wneud yr un peth eto mewn 25 mlynedd ac am deirgwaith y gost," meddai wrth gydweithiwr. Roedd yn eithaf agos ati. Dechreuodd yr Ail Ryfel Byd 20 mlynedd yn ddiweddarach, a chipiodd bedair gwaith yn gymaint o fywydau.

Heddwch yn Versailles

Yn y trafodaethau heddwch ym mhalas Versailles, ger Paris, roedd y prif enillwyr, Prydain, Ffrainc ac UDA, am atal yr Almaen rhag dechrau rhyfel arall. Ond roedd ganddynt syniadau gwahanol iawn am sut roedd gwneud hyn.

Roedd Georges Clemenceau, prif weinidog Ffrainc, wedi gweld ardal ddiwydiannol gogledd ddwyrain Ffrainc yn cael ei throi'n adfeilion a hanner holl ddynion ifanc Ffrainc rhwng 20 a 35 yn cael eu lladd neu eu hanafu. Roedd e eisiau cytundeb a fyddai'n gwneud hi'n amhosib i'r Almaen ryfela eto a doedd e ddim am fod yn hael.

Cyfle i gymodi

Roedd Woodrow Wilson, Arlywydd UDA, eisiau cytundeb â'r Almaen yn cynnig cyfle i gymodi. Ond doedd ganddo mo'r sgiliau i gyflawni hyn. Yn barod, roedd wedi gwylltio'r Cynghreiriaid drwy gyhoeddi polisïau '14 pwynt' ar gyfer y byd wedi'r Rhyfel oedd yn cynnwys Cynghrair y Cenhedloedd i wledydd drafod eu gwahaniaethau, a chydnabod 'hawliau pob cenedl i hunanbenderfyniad' – i fod yn rhydd o reolaeth gwledydd eraill. Ond doedd Prydain a Ffrainc ddim eisiau rhoi annibyniaeth i'w trefedigaethau eu hunain.

Gwneud i'r Almaen dalu

Dyma delerau Heddwch Versailles:

- Byddai'n rhaid i'r Almaen dalu 50 biliwn Marc yr Almaen yn 'iawndal' i Ffrainc a Phrydain am ddechrau'r Rhyfel. Roedd y swm mor fawr, byddai'n cymryd bron i 100 mlynedd i'w dalu.

- Byddai lluoedd arfog yr Almaen yn cael eu lleihau'n fawr, fel na fydden nhw'n gallu ymosod ar wledydd eraill.

- Byddai trefedigaethau'r Almaen dramor yn cael eu rhoi i Brydain a Ffrainc.

- Collodd yr Almaen nid yn unig y tir a enillon nhw yn Ewrop yn y Rhyfel, ond rhai tiroedd roedden nhw wedi'u hennill cyn y Rhyfel, yn y Dwyrain yn bennaf.

Map yn dangos y newid i'r ffiniau ar ôl Cytundeb Versailles

Môr y Gogledd

Y Môr Baltig

Memel

YR ALMAEN

Allenstein
Marienwerder

Poznania

Eupen-Mamedy

Rhein

Saar

Ardal afon Rhein

Silesia Uchaf Orllewinol

Silesia Uchaf Ddwyreiniol

Alsace-Lorraine

- Tir a gadwodd yr Almaen
- Tir a gollodd yr Almaen
- Tir a gadwodd yr Almaen ar ôl i'r bobl leol bleidleisio
- Tir a gadwodd yr Almaen ond fel ardal ddadfilwredig

Yn y canol

Roedd David Lloyd George, prif weinidog Prydain, yn gweld bod dadl Wilson yn gwneud synnwyr, ond roedd ganddo etholiad i'w ennill. Ar ôl pedair blynedd o ryfel, gyda bron i filiwn wedi marw, doedd pobl Prydain ddim eisiau cymodi. Roedd 'Make Germany Pay' a 'Hang the Kaiser' yn sloganau poblogaidd ar y pryd. Felly'n gyhoeddus, ochrodd â Clemenceau, ond y tu ôl i'r llenni ceisiodd gael pobl i wrando ar Wilson.

Chafodd yr Almaenwyr ddim gwahoddiad i gymryd rhan – oedd yn sarhad arnyn nhw. Yn lle hynny, galwyd nhw i arwyddo'r cytundeb ar 28 Mehefin, 1919, yr union ddiwrnod y cafodd yr Archddug Franz Ferdinand ei saethu bum mlynedd cyn hynny. Roedd y byd wedi newid y tu hwnt i ddychymyg pawb. Roedd yr Almaenwyr yn gandryll am y telerau, ond doedd dim dewis: roedd blocâd llynges Prydain yn dal yn ei le ac roedd pobl yr Almaen yn dal i lwgu.

PEACE AND FUTURE CANNON FODDER

The Tiger: "Curious! I seem to hear a child weeping!"

"Curious! I seem to hear a child weeping!" meddai, gan ddarogan rhyfel arall erbyn 1940.

Cafodd y cytundeb heddwch ei lofnodi yn ysblander Neuadd y Drychau ym Mhalas Versailles.

Ail-lunio'r map

Nid Cytundeb Versailles oedd yr unig un i greu map newydd ar ôl y Rhyfel. Mewn cytundebau eraill, collwyd tir gan gynghreiriaid yr Almaen, sef Awstria-Hwngari, Bwlgaria, ac ymerodraeth Otomanaidd Twrci.

Chwalwyd ymerodraeth Awstria-Hwngari, gan greu gwledydd newydd heb feddwl yn ddigon gofalus wrth greu'r ffiniau newydd. Yn rhai o'r gwledydd hyn roedd lleiafrifoedd oedd yn siarad ieithoedd gwahanol neu'n dilyn crefyddau gwahanol i brif grŵp ethnig y wlad. Daeth y ffiniau newydd hyn yn achos rhyfeloedd weddill y ganrif.

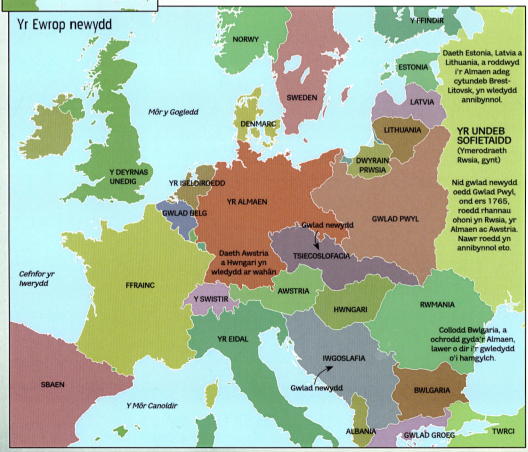

Dwyrain Ewrop yn 1914

YR ALMAEN · RWSIA · AWSTRIA · BOSNIA · RWMANIA · YR EIDAL · SERBIA · BWLGARIA · MONTENEGRO · ALBANIA · TWRCI · GWLAD GROEG

Yr Ewrop newydd

Y FFINDIR · NORWY · ESTONIA · SWEDEN · LATVIA · Môr y Gogledd · DENMARC · LITHUANIA · Y DEYRNAS UNEDIG · DWYRAIN PRWSIA · YR ISELDIROEDD · YR ALMAEN · GWLAD BELG · GWLAD PWYL · Gwlad newydd · Cefnfor yr Iwerydd · FFRAINC · Daeth Awstria a Hwngari yn wledydd ar wahân · TSIECOSLOFACIA · Y SWISTIR · AWSTRIA · HWNGARI · RWMANIA · YR EIDAL · IWGOSLAFIA · Gwlad newydd · SBAEN · Y Môr Canoldir · BWLGARIA · ALBANIA · GWLAD GROEG · TWRCI

Daeth Estonia, Latvia a Lithuania, a roddwyd i'r Almaen adeg cytundeb Brest-Litovsk, yn wledydd annibynnol.

YR UNDEB SOFIETAIDD (Ymerodraeth Rwsia, gynt)

Nid gwlad newydd oedd Gwlad Pwyl, ond ers 1765, roedd rhannau ohoni yn Rwsia, yr Almaen ac Awstria. Nawr roedd yn annibynnol eto.

Collodd Bwlgaria, a ochrodd gyda'r Almaen, lawer o dir i'r gwledydd o'i hamgylch.

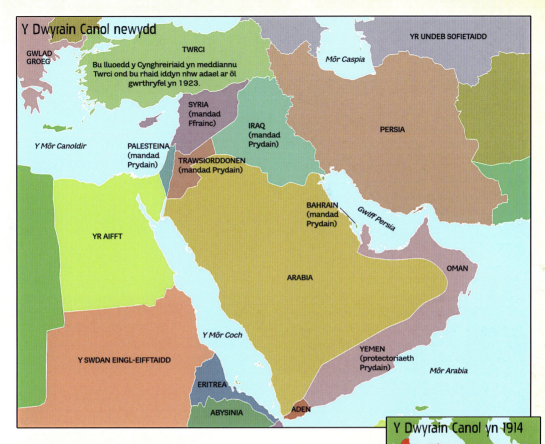

Y Dwyrain Canol newydd

GWLAD GROEG

TWRCI
Bu lluoedd y Cynghreiriaid yn meddiannu Twrci ond bu rhaid iddyn nhw adael ar ôl gwrthryfel yn 1923.

YR UNDEB SOFIETAIDD

Môr Caspia

SYRIA (mandad Ffrainc)

IRAQ (mandad Prydain)

PERSIA

Y Môr Canoldir

PALESTEINA (mandad Prydain)

TRAWSIORDDONEN (mandad Prydain)

BAHRAIN (mandad Prydain)

Gwlff Persia

YR AIFFT

ARABIA

OMAN

Y Môr Coch

YEMEN (protectoriaeth Prydain)

Môr Arabia

Y SWDAN EINGL-EIFFTAIDD

ERITREA

ADEN

ABYSINIA

Y Dwyrain Canol yn 1914

YMERODRAETH TWRCI OTOMANAIDD

PERSIA

YR AIFFT

PENRHYN ARABIA

Y Dwyrain Canol

Roedd canlyniadau tymor hir i'r cytundeb ar ôl y Rhyfel yn y Dwyrain Canol. Yn gyfnewid am gymorth, roedd Prydain wedi addo y byddai arweinwyr Arabaidd yn dod yn annibynnol ar eu rheolwyr o Dwrci. Ond torrwyd yr addewidion hyn. Cafodd Prydain a Ffrainc reolaeth – 'mandad'– ar diroedd Arabaidd a dechrau manteisio ar eu hadnoddau, yn enwedig olew.

Yn Natganiad Balfour yn 1917, roedd Prydain yn cydymdeimlo â chael mamwlad i'r Iddewon ym Mhalesteina – cam tuag at greu gwladwriaeth Israel. Ar ôl i'r Iddewon gyrraedd bu gwrthdaro rhyngddynt â thrigolion Mwslimaidd y wlad. Mae hyn wedi achosi terfysg a rhyfela yn y Dwyrain Canol fyth ers hynny.

Cofio'r Rhyfel

Ganrif ar ôl iddo ddechrau, mae'r Rhyfel Byd Cyntaf yn dal i fod yn bwysig. Mae llyfrau, ffilmiau a dramâu teledu'n dal i ddenu miliynau o wylwyr a darllenwyr. Felly mae'r Rhyfel yn dal yn fyw yng nghof pobl.

Llenyddiaeth y Rhyfel

Mae *Englynion Coffa Hedd Wyn* gan R. Williams Parry yn cofio am Hedd Wyn, Ellis Evans o Drawsfynydd, a fu farw ym mrwydr Pilkem Ridge ym mis Awst 1917 cyn clywed ei fod wedi ennill cadair Eisteddfod Genedlaethol Penbedw.

Yn Saesneg, mae'r gweithiau hyn ar y Rhyfel: *Goodbye To All That* gan Robert Graves, *Testament of Youth* gan Vera Brittain, *All Quiet on the Western Front* gan Erich Maria Remarque, ac *A Farewell to Arms* gan Ernest Hemingway. Mae cerddi enwog am y Rhyfel gan Siegfried Sassoon ac Wilfred Owen.

You smug-faced crowds with kindling eye

Who cheer when soldier lads march by,

Sneak home and pray you'll never know

The hell where youth and laughter go.

Siegfried Sassoon
'Suicide in the Trenches'

Peintio'r Rhyfel

Ysbrydolodd y Rhyfel weithiau celf mawr hefyd.
Er enghraifft, *Gassed* gan John Singer Sargent
(gweler tud. 38-39) a gweithiau gan John a Paul
Nash, arlunwyr rhyfel (gweler tud. 29 a 34),
a *War Cripples* gan Otto Dix, sydd isod.

Cofebion Rhyfel

O hyd mae miloedd
o gofebion i gofio'r rhai
a fu farw yn y Rhyfel yn
nhrefi a phentrefi Ewrop,
ac yn ngwledydd yr hen
ymerodraeth Brydeinig
a meysydd y gad yn
Ffrynt y Gorllewin.

Ymladdodd Otto Dix, arlunydd o'r Almaen, yn y rhyfel a bu'n cael
hunllefau weddill ei fywyd. Roedd y Natsïaid yn casáu ei waith
gymaint, llosgon nhw lawer ohono, gan gynnwys y darlun hwn.

Mae dros 10,000 o filwyr Prydain a'r
Gymanwlad wedi'u claddu yma, ym
Mynwent Tyne Cot, yn agos i faes y
gad 3edd Brwydr Ypres. Lladdwyd y
dynion hyn i gyd rhwng 1917 a 1918.

Y Rhyfel Mawr a'r 20fed ganrif

Yn ogystal â'r canlyniadau trychinebus y cytundebau heddwch ar ôl y Rhyfel yng ngwledydd y Balcan a'r Dwyrain Canol, cafodd y Rhyfel ddylanwad dwfn ar sawl agwedd ar fywyd yn yr 20fed ganrif.

Ymerodraethau'n dirywio

Roedd Prydain a Ffrainc wedi defnyddio cymaint o'u cyfoeth yn ymladd y Rhyfel, doedden nhw ddim yn bwerau mawr fel y buon nhw. Dechreuodd y trefedigaethau roedden nhw wedi ymladd i'w cadw fynnu bod yn annibynnol.

Mahatma Gandhi, a arweiniodd India i annibyniaeth ar ôl yr Ail Ryfel Byd.

Yr Almaen yn dychwelyd

Roedd colli'r Rhyfel yn sioc fawr i lawer o Almaenwyr ac roedd y cytundeb heddwch yn eu gwneud yn fwy chwerw eto. Pan roddodd Hitler y bai ar yr Iddewon a'r comiwnyddion ac addo i wneud ei wlad yn fawr eto, roedd llawer yn ei gefnogi'n frwd. Felly roedd yr Ail Ryfel Byd yn anochel.

Adolf Hitler, unben yr Almaen, yn rhoi araith i'w ddilynwyr yn y Blaid Natsïaidd

Yr Arbrawf Sofietaidd

Yn Rwsia, daeth chwyldro ar ddiwedd y Rhyfel. Darparodd yr arweinwyr comiwnyddol newydd addysg a gofal iechyd gwell a daeth y wlad yn un bwerus yn ddiwydiannol. Ond dioddefodd y bobl newyn, gorthrwm a llofruddio torfol.

Adeiladodd Joseph Stalin, yr unben Sofietaidd, Rwsia'n wlad ddiwydiannol bwerus. Ond talodd y bobl yn ddrud am hyn.

UDA yn codi i'r brig

Yn 1918, UDA oedd y wlad fwyaf cyfoethog
a phwerus yn y byd. Prynodd pobl nwyddau
o UDA a fyddai'n newid eu bywydau: set radio,
cwpwrdd oer, peiriant golchi, sugnwr llwch
a char modur. Daeth diwylliant UDA, ar ffurf
cerddoriaeth Jazz a ffilmiau Hollywood,
yn boblogaidd ledled y byd.

Merched ffasiynol yn America'n
dawnsio ar hyd ymyl adeilad 'nendwr'.

Bywydau menywod

Gyda chymaint o ddynion wedi marw yn y
Rhyfel, bu'n rhaid i miliynau o fenywod fynd
yn hen ar eu pen eu hunain. Ond roedden
nhw wedi dangos eu bod yn gallu gwneud
swyddi anodd yn ystod y rhyfel er bod rhai yn
erbyn hyn. Wrth i'r ganrif fynd yn ei blaen,
rhoddodd y rhan fwyaf o wledydd y bleidlais
i fenywod. Dechreuodd menywod wneud
swyddi ym myd gwaith a gwleidyddiaeth na
fyddai neb wedi eu dychmygu yn 1914.

Menyw yn pleidleisio am y tro
cyntaf mewn etholiad.

Parch yn diflannu

Roedd pobl yn llai parod i dderbyn
awdurdod ar ôl y Rhyfel. Doedden nhw
ddim yn cymryd yn ganiataol fod pobl
uwch yn gymdeithasol yn gallu rhedeg
y wlad yn well na nhw eu hunain. Roedd
y milwyr a ddaeth 'nôl o'r ffosydd yn
disgwyl elwa o'u hymdrech.

Gweithwyr ym Mhrydain yn gorymdeithio i
Lundain i fynnu cael gwaith. Mae llawer o'r
dynion hyn yn gyn-filwyr a oedd yn teimlo bod y
llywodraeth wedi'u bradychu nhw.

Llinell Amser y Rhyfel Byd Cyntaf

Dyma'r prif ddigwyddiadau yn stori'r Rhyfel Byd Cyntaf.

Mehefin 1914

Archddug Franz Ferdinand o Awstria'n cael ei lofruddio yn Sarajevo gan Gavrilo Princip, yr anarchydd o Serbia.

Gorffennaf 1914

Awstria-Hwngari yn cyhoeddi rhyfel ar Serbia.

Rwsia yn dechrau casglu ei milwyr i amddiffyn ei chynghreiriaid yn Serbia.

Awst 1914

Yr Almaen, cynghreiriad Awstria-Hwngari, yn cyhoeddi rhyfel ar Rwsia ac yn goresgyn Gwlad Belg ar y ffordd i ymosod ar Ffrainc, cynghreiriad Rwsia.

Awst 1914

Ffrainc, cynghreiriad Prydain, yn cyhoeddi rhyfel ar yr Almaen ac Awstria-Hwngari.

Awst 1914

Lluoedd yr Almaen yn atal y Rwsiaid ym Mrwydr Tannenberg yn Nwyrain Prwsia.

Medi 1914

Milwyr Prydain a Ffrainc yn atal yr Almaenwyr ym Mrwydr afon Marne ger Paris.

Medi 1914

Lluoedd Rwsia yn cael eu gyrru o Brwsia ym Mrwydr Llynoedd Masuria.

Hydref 1914

Twrci'n ymuno â'r Pwerau Canolog yn erbyn y Cynghreiriaid.

Hydref i Dachwedd 1914

Neb yn ennill Brwydr Ypres. Y ddwy ochr yn wynebu ei gilydd mewn ffosydd ar hyd y Ffrynt Gorllewinol.

Ebrill 1915

Milwyr y Cynghreiriaid, gan gynnwys lluoedd Awstralia a Seland Newydd (ANZAC), yn ymosod ar luoedd Twrci yn Gallipoli. Methiant oedd yr ymgyrch ac mae'r milwyr yn cael eu tynnu'n ôl ym mis Ionawr 1916.

Ebrill 1915

Milwyr yr Almaen yn defnyddio nwy am y tro cyntaf yn erbyn milwyr Ffrainc. Y ddwy ochr yn defnyddio nwy wedyn.

Ebrill 1915

Yr Eidal yn ymuno â'r Cynghreiriaid.

Chwefror 1916

Brwydr fwyaf waedlyd y Rhyfel yn dechrau yn Verdun. Mae'n parhau hyd at fis Rhagfyr. Neb yn ennill mantais.

Mai 1916

Brwydr Jutland, y frwydr fwyaf ar y môr yn y Rhyfel, yn digwydd dros 31 Mai – 1 Mehefin. Neb yn ei hennill.

Mawrth 1917

Nicholas II, Tsar Rwsia, yn ildio'r goron ar ôl terfysg yn St. Petersburg.

Chwefror 1917

Llongau tanfor yr Almaen yn dechrau ymosod ar bob llong oedd yn hwylio i borthladdoedd y Cynghreiriaid.

Gorffennaf 1916

Brwydr y Somme yn dechrau, gyda llawer o filwyr Prydain yn marw. Mae'n dod i ben ym mis Tachwedd heb i neb ennill.

Mehefin i Fedi 1916

Rwsia'n ennill llawer o dir yn erbyn lluoedd Awstria-Hwngari yn ystod *Cyrch Brusilov*.

Ebrill 1917

Yr Arlywydd Woodrow Wilson yn dod ag UDA i mewn i'r Rhyfel ar ochr y Cynghreiriaid.

Ebrill i Fehefin 1917

Ar ôl ymosodiad trychinebus a chostus arall yn Chemin des Dames, milwyr Ffrainc yn gwrthryfela. Phillipe Pétain, y cadlywydd newydd, yn rhoi trefn ar bethau.

Gorffennaf i Dachwedd 1917

Lladdfa waedlyd arall yn 3edd Frwydr Ypres, yng Ngwlad Belg, ond neb yn ennill eto.

Hydref 1917

Y Bolsïeficiaid yn cyhoeddi mai nhw oedd yn rheoli Rwsia, a fydd yn wlad gomiwnyddol tan 1991.

Tachwedd 1917

Tanciau'r Cynghreiriaid yn cael llwyddiant mawr yn Cambrai.

Rhagfyr 1917

Lluoedd Prydeinig ac Arabaidd yn cipio Jerwsalem oddi ar y Twrciaid Otomanaidd.

Gorffennaf 1918

Lluoedd y Bolsïeficiaid yn llofruddio'r Tsar Nicholas II a'i deulu.

Mawrth i Fehefin 1918

Cyrch Gwanwyn yr Almaen yn torri drwy linellau'r Cynghreiriaid a bron â chyrraedd Paris cyn chwythu ei blwc.

Mawrth 1918

Rwsia'r Bolsïeficiaid yn rhoi tir gorllewinol i'r Pwerau Canolog yng Nghytundeb Brest Litovsk, felly'r Rhyfel yn y Dwyrain yn dod i ben.

Awst 1918

Milwyr y Cynghreiriaid yn torri trwy linellau'r Almaen yn Amiens. Hedd Wyn yn cael ei ladd.

Medi 1918

Milwyr America'n torri drwy linellau'r Almaen yn yr Argonne.

Torri Llinell Hindenburg a milwyr y Cynghreiriaid yn mynd am ffin yr Almaen.

Tachwedd 1918

Lluoedd yr Almaen yn dal i dynnu'n ôl, a'r Ffrynt Cartref yn cwympo oherwydd terfysg a bod morwyr yn gwrthryfela. Y Kaiser yn ildio.

Tachwedd 1918

Llywodraeth yr Almaen yn llofnodi cadoediad yng nghoedwig Compiègne. Y Rhyfel yn dod i ben am 11:00 ar 11 Tachwedd.

Geirfa

Mae'r eirfa hon yn esbonio rhai o'r geiriau y gallwch chi eu gweld wrth ddarllen am y Rhyfel Byd Cyntaf. Mae'r geiriau mewn *italig* yn ymddangos yn y rhestr.

adran Uned fawr yn y lluoedd arfog sy'n cynnwys nifer o fataliynau a brigadau.

adwaith cadwynol Cyfres o ddigwyddiadau lle mae un peth yn arwain at y llall.

anarchydd Person nad yw'n credu mewn unrhyw ffurf ar lywodraeth.

ANZACs Milwyr o Awstralia a Seland Newydd.

arfau Mae arfau'n cynnwys bwledi, grenadau a *sieliau*.

ategwr Person sy'n gweithio i gynorthwyo'r lluoedd arfog, ond nad yw'n ymladd ei hun.

awyren ddwbl Awyren sydd â dwy set o adenydd.

Balcan, gwledydd y Y gwledydd sydd rhwng Rwsia, Awstria-Hwngari a Thwrci, fel Serbia.

bataliwn Uned yn y lluoedd arfog, sy'n cynnwys nifer mawr o filwyr wedi'u trefnu'n nifer o unedau gwahanol.

bloc Grŵp o wledydd sydd wedi ffurfio cynghrair.

blocâd Tacteg filwrol lle mae byddin neu lynges yn creu rhwystr i atal bwyd ac adnoddau rhag mynd i mewn neu allan o ddinas neu ardal.

bombardio Nifer mawr o sieliau'n cael eu tanio'n ddi-baid am gyfnod hir.

bwledi tân Bwledi sy'n cynnau fflamau wrth fwrw'r targed.

cadoediad Cytundeb rhwng dwy neu ragor o fyddinoedd i roi'r gorau i ymosod ar ei gilydd.

comiwnyddiaeth System wleidyddol lle mae'r wladwriaeth yn rheoli'r cyfoeth a'r diwydiant ar ran y bobl. Comiwnyddion yw'r enw ar y bobl sy'n dilyn y system hon.

culfor Sianel gul rhwng dau fôr.

cyfeddiannu Meddiannu gwlad yn erbyn ei hewyllys.

cynghrair Cytundeb rhwng dwy neu ragor o wledydd i weithio gyda'i gilydd.

Cynghrair y Cenhedloedd Corff diplomyddol a gafodd ei sefydlu ar ôl y Rhyfel Byd Cyntaf, fel bod gwledydd yn ceisio datrys anghydfod heb fynd i ryfel.

Cynghreiriaid, y Y gwledydd a ymladdodd yn erbyn y *Pwerau Canolog*. Prif bwerau'r Cynghreiriaid oedd Prydain a'i hymerodraeth, Ffrainc, Rwsia ac UDA.

Cynllun Schlieffen Cynllun yr Almaen i ymosod ar y Cynghreiriaid drwy Wlad Belg oedd yn niwtral.

cyrch Ymosodiad mawr.

chwyldro Pan fydd arweinydd neu lywodraeth yn cael ei d(d)ymchwel, fel arfer drwy drais.

datrys Dod i ddeall cod neges.

entente Cytundeb llac rhwng dwy neu ragor o wledydd a all ddatblygu'n *gynghrair*.

Gadair Ddu, Y Yr enw ar gadair Eisteddfod Penbedw, 1917. Enillodd Hedd Wyn, neu Ellis Evans o Drawsfynydd y gadair ond cafodd ei ladd cyn ei derbyn.

garsiwn Canolfan neu gaer filwrol.

gwladgarwch Caru eich gwlad a bod yn barod i ymladd drosti.

gwn peiriant Gwn sy'n gallu tanio bwledi'n gyflym iawn heb fod angen ei ail-lwytho (*machine gun*).

gwrthwynebydd cydwybodol Rhywun oedd yn gwrthod mynd i ymladd oherwydd bod hynny yn erbyn ei gydwybod. Roedd rhaid mynd o flaen tribiwnlys i esbonio hyn.

gwŷr meirch Milwyr sydd ar gefn ceffylau.

Gymanwlad, Y Cymdeithas o wledydd a oedd yn arfer bod yn aelodau o'r *ymerodraeth* Brydeinig.

Ffrynt y Dwyrain Y ffin rhwng byddin Rwsia a byddinoedd yr Almaen ac Awstria-Hwngari.

Ffrynt y Gorllewin Y ffin rhwng byddin yr Almaen a byddinoedd Ffrainc, Gwlad Belg, Prydain ac UDA.

hil-laddiad Polisi o ladd pobl o genedl neu hil arbennig yn fwriadol.

iawndal Taliadau a wnaeth yr Almaen i sawl un o wledydd y Cyngheiriaid ar ôl cael ei threchu yn y Rhyfel Byd Cyntaf, oherwydd iddi achosi'r Rhyfel.

jihad Rhyfel sanctaidd Mwslimaidd.

Kaiser Ymerawdwr yr Almaen.

llinell flaen Y ffin y mae dwy fyddin yn wynebu ei gilydd ar ei hyd.

Llinell Hindenburg Llinell o safleoedd amddiffynnol cryf yr Almaenwyr ar hyd *Ffrynt y Gorllewin*.

llong awyr Awyren fawr yn llawn aer sy'n gallu codi'n uchel iawn.

llong danfor Llong sy'n gallu teithio o dan y dŵr am gyfnodau hir.

llong ryfel Llong sydd ag arfau ac sydd wedi'i hamddiffyn yn dda.

llongau confoi Llongau masnach sy'n teithio mewn grŵp, gyda llongau rhyfel i'w hamddiffyn rhag ymosodiad.

llu *guerilla* Grŵp bychan o filwyr sy'n defnyddio tactegau fel cudd-ymosod.

lluoedd arfog Y fyddin, y llynges a'r Llu awyr.

mandad Awdurdod sy'n cael ei roi gan *gytundeb* heddwch i un wlad gymryd rheolaeth dros faterion gwlad arall.

meddiannu Cipio ardal a chymryd rheolaeth arni.

memorandwm Neges neu neges atgoffa.

miwtini Pan fydd milwyr yn gwrthod ufuddhau'r rhai sydd uwch eu pennau.

morâl Ysbryd neu hyder pawb gyda'i gilydd.

Natsïaidd, y Blaid Plaid wleidyddol yn yr Almaen yr oedd Adolf Hitler yn ei harwain cyn ac ar ôl yr Ail Ryfel Byd.

nendwr Adeilad tal, sawl llawr (*skyscraper*).

penrhyn Darn cul o dir sydd â môr neu lyn o gwmpas tair ochr iddo.

propaganda Gwybodaeth sydd wedi cael ei chreu er mwyn hyrwyddo neu niweidio achos gwleidyddol.

Pwerau Canolog, y Y gwledydd oedd yn erbyn y Cynghreiriaid. Y prif Bwerau Canolog oedd yr Almaen, Awstria-Hwngari a Thwrci.

ras arfau Ras rhwng dwy neu ragor o wledydd i adeiladu arfau mwy a mwy pwerus.

rhyfel cartref Rhyfel lle mae byddinoedd o'r un wlad yn ymladd â'i gilydd.

saethwr cudd Dyn neu ddynes â dryll sy'n saethu milwyr y gelyn o rywle cudd (*sniper*).

shrapnel Darnau o fetel sy'n hedfan allan o grenâd, bom neu siel wrth ffrwydro.

siel Taflegryn sy'n cynnwys ffrwydron.

sifiliad Unrhyw un nad yw'n aelod o'r lluoedd arfog.

stormfilwyr Milwyr yr Almaen wedi'u hyfforddi'n dda. Roedden nhw'n arbenigo ar ymosodiadau sydyn ar dargedau penodol.

swffragét Person oedd yn ymgyrchu dros hawl menywod i bleidleisio.

swyddog Uwch aelod o'r lluoedd arfog.

terfysgwr Person sy'n cyflawni trosedd dreisgar oherwydd rheswm gwleidyddol.

Tir Neb Y tir nad yw'n perthyn i unrhyw un o'r byddinoedd sy'n wynebu ei gilydd mewn ffosydd.

tiriogaeth Ardal ddaearyddol o dan reolaeth wleidyddol gwlad arall.

torpido Dyfais ffrwydrol sy'n gallu teithio drwy ddŵr. Gall gael ei lansio o awyren, llong neu long danfor.

traciau treigl Trac fel dolen ar danc sy'n ei helpu i deithio dros dir meddal neu anwastad.

Tsar Ymerawdwr Rwsia.

U-boat *Llong danfor* yr Almaen. O 'Unterseeboot', sy'n golygu 'cwch tanfor' yn Almaeneg.

unben Rheolwr sy'n gorfodi awdurdod trwy rym.

weiren bigog Weiren â phigau miniog a oedd yn amddiffyn y ffosydd.

ymarferion milwrol Defnyddio'r lluoedd arfog i hyfforddi ar gyfer gweithrediadau milwrol.

ymerodraeth Grŵp o wledydd neu diriogaethau o dan reolaeth gwlad arall.

ymosodiad nwy Rhyddhau nwy niweidiol lle mae'r gelyn.

zeppelin *Llong awyr* fawr o'r Almaen.

Mynegai

94

Cydnabyddiaethau

Gwnaed pob ymdrech i olrhain a chydnabod deiliaid hawlfraint. Dymuna'r cyhoeddwyr gwreiddiol gydnabod y sefydliadau a'r unigolion isod am eu caniatâd i atgynhyrchu deunydd ar y tudalennau canlynol: t=top, c=canol, g=gwaelod; d=de, ch=chwith

Clawr blaen a chefn *The Menin Road* gan Paul Nash, 1919, © IWM ART 2242; **1** © Underwood & Underwood/ Underwood & Underwood/Corbis; **2-3** Rhan o *Front Line Trench*, aalan o *British Artists at the Front*, Continuation of The Western Front, 1918 (litho lliw), Nevinson, Christopher Richard Wynne (1889-1946)/Casgliad Preifat/The Stapleton Collection/The Bridgeman Art Library, © Nevinson/Bridgeman 2013; **4-5** © IWM E(AUS) 1233; **6-7** © Museum of Flight/Corbis; **10-11** © George Eastman House/Archive Photos/Getty Images; **12** © Victoria and AlbertMuseum, Llundain; **13** © Prisma Bildagentur AG/Alamy; **14-15** © IWM Q 21184; **16 tch** © Bibliothèque Nationale, Paris, Ffrainc/Giraudon/The Bridgeman Art Library; **16 g** akg-images; **17** © Christel Gerstenberg/Corbis; **18** © Bettmann/ Corbis; **19 gd** Hawlfraint A J P Taylor, darn allan o *The First World War- An Illustrated History*, Penguin, â chaniatâd caredig; **20-21** © Archives Larousse, Paris, France/Giraudon/The Bridgeman Art Library; **22-23** © IWM Q 53446; **24** The Print Collector/HIP/TopFoto; **25** © Hulton Archive/Getty Images; **26 g** © Mary Evans/Alamy; **27 gch** © The Art Archive/Alamy; **27 gd** Library of Congress; **28** © Corbis; **29** *Wire*, Paul Nash, darlun, 1918, © IWM ART 2705; **30** © IWM Q 70075; **31** © IWM Q 50719; **32-33** © IWM Q 58459; **34** *Oppy Wood, 1917. Evening* gan John Nash, 1918 © IWM ART 2243; **37** AP/Press Association Images; **38-39** *Gassed* gan John Singer Sargent, 1919, © IWM ART 1460; **40-41** © Corbis; **41 gd** © IWM PST 12232; **42 ch** Mary Evans/The National Archives, Llundain. England.; **42-43 g** © MPI/Archive Photos/Getty Images; **43 td** © Lordprice Collection/Alamy; **44-45** Roger-Viollet/ Topfoto; **46-47** Mary Evans/SZ Photo/Scherl; **48-49** © Look and Learn/The Bridgeman Art Library; **50** © IWM PST 3283; **51 t** © IWM Q 106249; **51 gd** Library of Congress; **52 tch** RIA Novosti; **53 t** © ullsteinbild/TopFoto; **53 gd** Library of Congress; **54-55** © Royal Naval Museum, Portsmouth, Hampshire, Prydain/The Bridgeman Art Library; **56ch** © IWM PST 2734; **56-57 g** © IWM Q1567 & Q1568; **58 t** © 2013. Photo Scala, Florence; **58 gch** © Galerie Bilderwelt/ The Bridgeman Art Library; **59 td** © IWM ART 2473; **59 g** Library of Congress; **60-61** © IWM E(AUS) 1220; **62** RIA Novosti/The Bridgeman Art Library; **63** © Universal Images Group/Getty Images; **64** © Mondadori/Getty Images; **65 t** © Topical Press Agency/Getty Images; **65 d** Casgliad Preifat/The Bridgeman Art Library; **66 gch** Peter Newark Military Pictures/ The Bridgeman Art Library; **66 gc** Library of Congress; **66 gd** Deutsches Historisches Museum, Berlin, yr Almaen/© DHM/The Bridgeman Art Library; **67 d** Library of Congress; **67 g** © Corbis; **68-69** © IWM Q 9364; **70 t** *The Menin Road* gan Paul Nash, 1919, © IWM ART 2242; **71 g** *Canadian Headquarters Staff*, 1918 gan Syr William Nicholson © Canadian War Museum, Ottawa, Canada/The Bridgeman Art Library; **72-73** © dpa picture alliance/Alamy; **74-75** © IWM Q 55020; **76-77** © Australian War Memorial; **78** © Berliner Verlag/Archiv/dpa/ Corbis; **79** © Popperfoto/ Getty Images; **80-81** © Topical Press Agency/Getty Images; **83 td** Mary Evans Picture Library; **83 g** *Signing of the Peace in the Hall of Mirrors*, William Orpen, peintiad, 1919, © IWM ART 2856; **86 tch** Hawlfraint Siegfried Sassoon â chaniatâd caredig Ystad George Sassoon; **86-87 g** © Maurice Crooks/Alamy; **87 t** *War Cripples* 1920 gan Otto Dix, © INTERFOTO/Alamy, © DACS 2013; **88 td** © Hulton Deutches Collection/ Corbis; **88 l** Roger Viollet/Getty Images; **88 br** © Fine Art Images/Heritage-Images/TopFoto; **89 tch** © Underwood & Underwood/Underwood & Underwood/ Corbis; **89 d** © Popperfoto/Getty Images; **89 gch** © Roper/Hulton Archive/ Getty Images. Clawr argraffiad UDA: **tch** (awyren Sopwith camel) © Jim Tannick/Getty Images; **td** (map y Dardenelles) © Universal Images Group/Getty Images; **cd** (Poppy) © iStockphoto/Thinkstock; **g** (Cyrch Gwanwyn yr Almaen) © IWM Q 55483

Ymchwil lluniau gan Ruth King   Ystumio digidol gan John Russell
Gyda diolch i Madeleine James, Imperial War Museums

Cyhoeddwyd gyntaf ym Mhrydain o dan y teitl *The Story of the First World War* yn 2014 gan Usborne Publishing Ltd., Usborne House, 83-85 Saffron Hill, London, EC1N 8RT, Lloegr.
Hawlfraint y llyfr gwreiddiol © 2014 Usborne Publishing Ltd. Cedwir pob hawl.
Cyhoeddwyd gyntaf yn Gymraeg gan Rily Cyf, Blwch Post 20, Hengoed CF 82 7YR.
Ariennir yn rhannol gan Lywodraeth Cymru fel rhan o'i rhaglen gomisiynu adnoddau addysgu a dysgu Cymraeg a dwyieithog. Cyhoeddir Cymraeg gan Elin Meek. Hawlfraint yr addasiad Cymraeg © 2015 Rily Cyf.
ISBN 978-1-84967-205-4. Argraffwyd yn Dubai, UAE.

Ariennir yn Rhannol gan
Lywodraeth Cymru
Part Funded by
Welsh Government